阅

阅读成就思想……

Read to Achieve

PERSONALIZED DIGITAL ADVERTISING

HOW DATA AND TECHNOLOGY ARE TRANSFORMING HOW WE MARKET

精准投放

个性化数字广告一册通

[美] 迪亚兹·耐萨蒙奈（Diaz Nesamoney） 著
杨懿　译

中国人民大学出版社
· 北京 ·

图书在版编目（CIP）数据

精准投放：个性化数字广告一册通 /（美）迪亚兹・耐萨蒙奈（Diaz Nesamoney）著；杨懿译 . -- 北京：中国人民大学出版社，2019.4

书名原文：Personalized Digital Advertising: How Data and Technology Are Transforming How We Market

ISBN 978-7-300-25395-4

Ⅰ . ①精… Ⅱ . ①迪… ②杨… Ⅲ . ①网络广告—研究 Ⅳ . ① F713.852

中国版本图书馆 CIP 数据核字（2018）第 006316 号

精准投放：个性化数字广告一册通

[美]迪亚兹・耐萨蒙奈（Diaz Nesamoney）著

杨懿 译

Jingzhun Toufang: Gexinghua Shuzi Guanggao Yi Ce Tong

出版发行	中国人民大学出版社		
社　　址	北京中关村大街 31 号	**邮政编码**	100080
电　　话	010-62511242（总编室）		010-62511770（质管部）
	010-82501766（邮购部）		010-62514148（门市部）
	010-62515195（发行公司）		010-62515275（盗版举报）
网　　址	http：//www.crup.com.cn		
	http：//www.ttrnet.com（人大教研网）		
经　　销	新华书店		
印　　刷	天津中印联印务有限公司		
规　　格	170mm×230mm　16 开本	**版　次**	2019 年 4 月第 1 版
印　　张	14.25　插页 1	**印　次**	2019 年 4 月第 1 次印刷
字　　数	188 000	**定　价**	65.00 元

推荐序

我与迪亚兹是在美国互动广告局（Interactive Advertising Bureau，IAB[①]）的一次行业会议上认识的，这次会议由彼得·米尼莫姆（Peter Minnium）主办（此人将在本书第 23 章中出现）。与会者由创意人员和技术人员组成，旨在共商如何应对屏幕种类激增所带来的挑战。当前我们所要解决的问题在于移动和原生内容领域，但我们很快便察觉到那些仅仅是冰山一角。要想将其运用于广告业界，我们应该采取什么样的方法？这些又会如何影响创意、媒体投放和效果测量呢？

在会议初期，迪亚兹和我曾在一场辩论会前被临时分到了一个小组。这是一场关于“技术为王还是创意为王”的辩论。“动态创意”的理念无疑给了那些体面的创意人员的技能一记响亮的耳光。他们激烈争论的话题主要是关于创意的未来，以及限制性资源与数字化多屏时代之间的矛盾。

争论并没有结束，也不会结束，它本就是一个重要的辩论。无论如何，大

① 美国互动广告局成立于 1996 年，其总部位于纽约，由美国 600 多家领先的占有 86% 在线广告份额的媒体和技术公司组成。——译者注

家辩论的不再是创意或技术的问题，而是一起寻找如何平衡创意和技术的策略的问题。

技术改变了客户与内容和媒体互动的方式。下一代终端的信息传输也将与我们现在所使用的形态大相径庭。如今，专门的、结构化的标准广告尺寸培育了我们的广告市场，例如，30 秒、60 秒和 90 秒的电视广告，分辨率为 300 × 250 像素、468 × 90 像素的展示广告。然而，我们必须意识到“我们因何失败，我们又该如何成功”。

无范式的媒介形态会持续增多，这迫使我们去反思什么是规格、什么是变量（创意、内容、环境、客户）、什么是预测性算法模型、什么是机器学习。

所谓的核心技术和消费增长领域都将促使我们不断进化我们创造信息的方式，比如智能手机让远程信息处理成为现实，任何事情都能以游戏化的形态完成。又比如地理位置信息让物联网成为可能，还有认知交互界面的兴起。无论如何，当我们拥有更多的终端设备，当人与人之间拥有更多的联结方式时，接踵而来的一定是标准的缺失。

我们必须懂得如何以全新的方式去表达品牌信息。这意味着我们现有的系统正在面临着挑战，因为正如作者书中所言，“所有的工具和流程建议都是基于广告活动中静态广告保持不变这一状态假设而形成的”。而动态创意的开发也将面临挑战，因为我们必须要考虑到千变万化的变量维度。也许我们看看其他的模型，就能理解如何处理这些变量了，或许还能将我们自己的模型塑造得更好。

如果我们将此思想运用到一家名为 ifttt.com（即 If This Then That，意思是“如果这样，就那样”）的流行编程网站，那这一信息将具有深刻的意义。这个网站的标签文本写道：“想让互联网为你工作吗？如果我们让互联网为我们工作，而不是成为我们流失的资源呢？”

以下是该网站的工作原理：网站能够帮助我们创建具有编码功能的有效组合，我们称之为“配方”。该配方具有两种功能——触发和执行。触发器可以帮助我们理解已经发生了什么事情；执行器帮助我们制订计划——应该怎么做。实际上这很简单。用配方的比喻来解释动态创意的概念，相当于我们有一张创意信息网，这张网能机械化地将广告信息传达给个人，不仅会出现在新屏幕上，而且还会运用到这些屏幕的新功能中。

我们正处在这样一个时间节点上：许多事情在冲突中创造了新的环境，不仅带来了新的标准，还颠覆了我们的思想。而这一切正在发生。新的屏幕呈爆炸性增长，内容平台层出不穷，内置图形、增强现实等信息技术时时刻刻如雨后春笋般出现，更有潜藏巨大能量的物联网，所有的一切都在极力扩张着品牌的架构，而品牌更需要独特的信息素材去面对客户。

这就是我们的现在和未来。如果我们成为主人，去利用个性化、动态和原生的信息方法不断学习，做好准备，就能走进全新的广告天地。

卡里·蒂尔德斯（Cary Tilds）

群邑集团（GroupM）首席创新官

目录

第一部分
数字广告需要持续的颠覆式创新

第二部分
动态广告的核心概念

第三部分
用于个性化广告的技术

第一部分

数字广告需要持续的颠覆式创新

PERSONALIZED
DIGITAL
ADVERTISING

第 1 章

会说话的广告牌

在 2002 年上映的电影《少数派报告》（*Minority Report*）中，汤姆·克鲁斯走进一个购物中心，迎接他的是喊着他的名字的“活”广告牌，这个完全个性化的广告牌会向他推荐他可能会感兴趣的东西。这一识别是靠扫描视网膜实现的（其实当时扫描的是别人的视网膜，回去看电影你就知道了）。

尽管广告正在从传统媒体转向新媒体，但它在很多方面并没有发生太多实质性的变化。小时候，广告给我留下的印象是随处可见的海报和一些大型户外广告牌，从牙膏到汽车，应有尽有。通过张贴海报做营销的想法很简单：以尽可能低的价格购买足够多的海报，然后尽可能地贴到最多的地方。这其中涉及两件事：数量和价格。广告主寻求的是尽可能低的价格和尽可能多的数量。品牌经理在商学院学到的所有内容，也都是关于如何想出一句聪明的口号或者顺口溜，然后通过各种办法让尽可能多的人听到或看到它。

随之而来的是报纸、杂志和快速发展的电视——从一开始只有一个频道的黑白电视，到三个频道，一直到上百个频道的有线电视。广播也经历了类似的发展过程。

营销人员在广告中反复使用着同样的营销方案。可以肯定的是，创意机构想出了更多运用新的媒体获取和传播信息的方式，比如通过商业电视的画面、广播的声音，但是思路却是一成不变的：以尽可能低的成本把他们想要传播的信息传递给尽可能多的受众。

尽管数字媒体、终端以及社交媒体等新媒体取得了巨大的发展，但今天大多的数字广告并没有，或者说并没有表现出跟最早的广告牌有什么不同。网络上的横幅广告就是那些广告牌的小尺寸版本，只不过它们向品牌交付的是点击量和参与率。

数字媒体的发展创造了巨大的机会，广告牌不仅明显地具有了更多功能，更重要的是变得更智能——了解消费者的需求、定制广告、直接满足他们的需求。这对营销人员来说是一个尚未完全开发的巨大机会。

一段时间以来，专家们预测，广告将变得更加个性化和具有更高的相关性，虽然现在还没有视网膜扫描的广告牌，但是似乎很明显，一场由大数据驱动的个性化广告的浪潮将席卷整个营销领域。

几个因素的聚合催生了这一变化——技术、消费行为的变化以及社交媒体的广泛运用。这些发展使以低价格大规模开展个性化营销成为可能。

移动设备成为“私媒体”和分享设备

消费者行为的最大变化是强烈的分享意愿，社交媒体的发展加速了这一趋势。现在，人们习惯在网上分享一切，包括他们的朋友、他们的好恶、他们居住的地方、他们到访的地方、他们说了什么、他们看了什么，等等。他们认为开放地分享个人信息会带来更多个性化的体验。这是一种大文化趋势，或许也是一个世代的转变。

许多年前，人们担心别人跟踪他们并且知道他们的具体位置，而现在，我们让很多程序可以自由访问我们的位置信息，像 Uber、Open Table、Yelp，以帮助我们快速获得汽车服务、预定或者在附近找到一家餐馆。我们甚至故意像在酒店登记入住一样，在很多移动应用程序上告诉大家我们是谁。很多年前，我们担心自己租借录像带的信息会落到“坏人”手中，但是现在，在 Facebook 和 YouTube 的页面会显示我们自己看过哪些视频——让全世界知道我们在看什么。在某些情况下，用户可以在分享中得到一些东西，比如通过在 Uber、Open Table、Yelp 中分享位置信息，可以获得服务和建议。即使是在什么都得不到的情况下，用户分享个人信息的意愿也很高。

移动设备的迅速发展和迭代是个性化数字媒体消费的根本原因。一家人围坐在一起看电视，已经被每个人手里随时可用的掌上电脑般大小的“电视”所取代。我们不再挤在一起听广播，而是每个人有自己的 Pandora 账号，听我们自己喜欢的音乐（没人想要知道你在偷听 ABBA①）。现在我们可以在奈飞（Netflix）上看任何我们喜欢的东西，再也不用争夺电视遥控器了。

这些技术变化为用户提供了更加个性化的体验。移动设备除了变成“私媒体”之外，它们也迅速成为“分享设备”。在社交媒体的使用过程中，这些设备释放了大量的位置信息、偏好信息和用户自愿提供的其他各种类型的数据，这些数据成了营销人员的一个宝库，可以用来创造个性化体验。

① 瑞典的流行音乐组合 ABBA，成立于 1972 年，于 1982 年解散。组合名称来源于其成员两对夫妻的姓名首字母，是流行音乐史上著名的夫妻组合，也是著名的离婚组合。——译者注

近来，“可穿戴设备”或“物联网”等各类型的连接设备呈爆炸性增长，生成了大量的个人数据，为营销人员赖以工作的数据“军火库”增添了储备。计算能力和带宽如今也已发展到了一个新的阶段，原来执行诸如将用户和用户配置文件相匹配这样的程序，需要几分钟或者几小时，现在在几毫秒内就可以完成。同时，云计算能力明显地降低了存储、检索和处理海量数据所需要的成本，有效提高了个性化广告的效率。

营销人员开始认真对待数据

在营销领域，数据往往被视为事后的呈现和检视。营销人员习惯在广告活动之后进行结果性的事后分析和研究，然后把数据卖给那些试图理解如何做营销的客户和潜在客户。传统意义上，营销人员通常不会把数据用于发起广告活动、选择目标市场和提升个性化用户体验等领域。然而正如我们所说，这一切正在发生巨大的变化。如今，营销人员不仅将数据视为战略性资产，更是将其视为他们“军火库”的关键部分而加以积极利用。

弗雷斯特研究公司（Forrester Research）2014年的研究结果显示，营销人员对数据和数据分析的兴趣及投入的比例从8%上升到了12%，现在，大多数文章都会提到大数据在营销中所扮演的角色和作用。好消息是，大数据和数据分析正被视为营销的基础构架，就好比会计系统作为公司的财务功能一样。

对数据和数据分析的投入可能使营销团队获得可以使用和作为基础的各类信息，从而为其客户提供个性化服务。这一投入不仅应被视为具有重要意义的投资，还应被视为资本性投资，使公司能够更智能地与客户进行更好的互动。

在过去一年中，最大的企业数据库和数据库应用程序公司甲骨文收购了Bluekai和Datalogix这两家专注于提供目标市场选择和个性化广告的大数据公司。这也反映了营销组织的渴望和首席营销官们在营销技术及其基础构架上的投入和花费。

“这有一个 API”

还记得苹果公司的那个广告吗？“这有一个应用程序（there’s an app for that）”，我们也可以说“这有一个 API（application programming interfaces，APIs，应用程序接口）”。API 对于媒体和广告行业的技术发展及运用至关重要。Facebook、苹果和谷歌作为媒体 / 技术型公司的成功可以归功于它们对 API 积极的、重量级的投资，允许第三方应用程序和平台接入，以促进其生态系统的完善。API 在数字广告领域也同样发挥了关键的作用。

一个叫作“开放实时竞价系统（open RTB）”的 API 被用于为品牌提供媒体资源的程序化交易。该 API 允许媒体资源的买方和卖方以电子的方式进行沟通，完成关于媒体资源库存、询价和投标以及媒体资源本身相关信息的查询等工作。尽管它涉及各种媒体供应商、供应方和需求方平台，以及进行此类交易的交易所，但所有这些都可通过一套标准的 API 来实现，这使得程序化广告购买能够迅速增长并被广泛采用。

在个性化广告的世界，这些 API 可以告诉我们一切信息：从用户所处的位置到当地的天气情况，再到什么电影院在播放什么电影。所有这些 API 提供的数据，都可以让个性化广告变得更加有效。

API 还允许不同的应用程序相互操作、使之易于集成，协同工作，以达到个性化的目的。例如，大多数数据管理平台都具有可供动态 / 个性化广告平台获取数据的 API。

社交媒体教我们如何做营销

Facebook 和 Twitter 已经具有以精准细分和实时信息传递来提供广告产品的能力，这也让广告主受到了启发。现在，在几分钟之内，品牌可以针对它想要的一个非常特定的受众，想出一个信息或者一个创意并发送给他。很多品牌正在理直气壮地问："我为什么不能在所有媒体上都这么做呢？"由于各种原因，特别是社交广告平台所能提供的广告类型有限，而品牌却希望在其广告中也能使用同样的微信息、实时营销等技术。

另外，营销人员还意识到，由于社交媒体和移动设备的影响，传统的购买路径已经发生了显著的变化。现在，消费者可以实时做出购买决定，而无须遵循传统的购买路径。这意味着品牌也必须能够在该购买路径中发声，或按其意愿强化消费者的购买决策偏向。

使个性化广告成为现实的很多关键因素都到位了，那么还缺什么呢？和数字广告中的其他许多新兴领域一样，困难在于这其中有许多令人困惑的术语和技术，同时，API 的缺乏，以及数据、内容、广告服务平台标准的缺乏，都成为影响因素。但正如我们所说，这一切都在发生变化。很显然，市场营销人员正积极利用这个机会，与技术专家合作，使他们的愿望成为现实。

本书考察了个性化广告所涉及的基础理论、机会、过程和技术。我希望这能成为市场营销人员与客户进行个性化互动的一个实用参考。正如你将在本书中的一些案例和行业领导者的轶事中看到的，个性化广告已经在彻底改造我们的营销。

第2章

触达 VS 关联

营销人员通常会使用两个杠杆来影响购买者：他们试图获得尽可能多的触达（即品牌曝光），同时他们还试图让购买者认为这与他们的需求有关，从而产生兴趣（至少将产品描述为与他们具有某种关联）。

当然，实现广告触达较好的方式是使用具有较高覆盖率的媒体，如传统的电视、报纸、广播，等等，以及最近兴起的广告网络、程序化交易和购买平台。营销人员在给定的预算范围内尽量实现低成本和高覆盖。

传统媒体的关联性主要是通过与内容的匹配来实现的。例如，营销人员可以通过关联，推断出看《考斯比一家》（*Cosby Show*）的可能是有孩子的家庭，而看 MTV 的则可能是单身人士或是已婚无子的家庭。同样，营销人员也可以得出这样的结论，看探索频道的人会更喜欢旅行，而看 CNBC 的人要么是金融服务从业者，要么就是有一定的投资。

问题在于，高度关联性的节目往往是以低覆盖为代价的，专业受众的触达成本也很高。所以要么使用仅具有小规模专业受众的媒体，要么使用同时具有高覆盖和特定目标受众的有线电视网。很显然，这两种方式的媒体花费都是显著的。

一个原因是“大众媒体”这个词往往被用来描述电视、平面，或者海报、广告牌。它们都是为传递同样的信息、进行大众传播而设计的，一般都是同样的内容和同样的规格。而现在，《华尔街日报》和CNN在不同地区都有不同的版本，印刷媒体和电视都在努力为消费者提供各种定制体验。

没有可定制的媒体，就不会有定制的受众，当然就不会有针对小规模受众的定制广告，更不用说针对某个人了。

在广告无法实现精准定位和传播时，制造受众参与度主要是通过创意手段。创意机构必须通过有效的创意路径、有吸引力的创意表现等来吸引用户。

在数字广告刚刚兴起的时候，创意继续在传统媒体中发挥着作用。然而和传统媒体特别是电视不同的是，数字广告通常在页面中有固定的“围栏”，被放置在一个个标准的“盒子”（IAB广告格式标准）中，这往往会导致用户忽略这些广告。广告格式本身非常小，300×250像素、300×600像素、728×90像素、160×600像素，没有什么可以发挥创意的空间。这样的广告导致用户参与度明显下降。当网站布满了这些既不好玩又没有关联性的烦人的小广告时，用户的大脑会简单选择将它们关掉。很多广告采用的都是这种方式，而用户甚至连看都不看，更谈不上吸引了。

发布商和品牌解决这个问题的唯一方法是，尝试以更聪明和更富“侵略性”的方式来获得用户的关注。许多发布商提出了“自定义广告格式”，包括“页面皮肤”、阻止用户阅读或观看内容的插播式广告，以及突然莫名其妙出现的强制传递信息的页面自动跳转广告等。美国互动广告局对这些备受瞩目的广告格式做出响应，提出了一套“新星”广告格式。这些“高影响力”广告的格式尺寸更大，给创意留有更大的发挥空间，以吸引用户关注。

随着“新星”广告格式的拉动，许多品牌选择这些更丰富、尺寸更大和更有影响力的广告格式，数字媒体发生了重大变化——程序化购买。这种变化创造了巨大的媒体购买效率，然而这也产生了明显的副作用，因为这些平台并不支持高影响力的格式。其原因与通过“程序化平台管道”间接交付这一挑战性的过程有关。规模化采购也不可避免地带来可支持此类格式的网站媒体资源的稀缺。

高影响力广告格式资源之所以稀缺，是因为这些广告格式尺寸很大，通常情况下，一个网页可以支持多种“IAB 标准”格式，但最多只能支持一两种这类大尺寸格式的广告。

品牌的媒体花费在数字化购买平台上开始有了显著的升级，而它们使用的广告格式又开始转回到标准的小尺寸横幅广告。这再次使得运用创意建立互动变得更加困难。

因此，仅靠创意已经无法完成与用户建立互动关系的任务，因为创意的施展空间再次被缩减到发布商页面盒子般的矩形范围内。创建互动的另一种方式当然是确保广告和用户相关，并且以非常个性化的方式向用户推送。目标媒体的购买只完成了一半的工作，大规模个性化要寻求的是让品牌与其目标用户建立一对一的关系。

传统媒体完全无法提供任何形式的个性化，主要有三个方面的原因：

- 传统媒体不是交互式的，无法记录用户偏好、兴趣等，因此无法实现个性化的媒体和个性化的广告；
- 无法以可扩展和高性价比的方式向每个用户传输或发布定制内容；
- 虽然在有线电视机顶盒和有线电视分配系统中存在某些形式的数据，有线电视专有的系统和围绕有线电视系统严格的规定，都在防止数据被使用。

这些限制在数字媒体中都不存在。在数字媒体中，我们可以记录和轻松访问与用户偏好相关的数据。而且，与用户偏好和兴趣相关的细粒度数据量正在快速增长。此外，一些新型数据正在大幅增加，比如由于使用移动设备和社交媒体形成的用户周边环境的数据，使得数字广告更加智能，更加与每个用户相关。

关于传统媒体的第二个限制在数字媒体中不再是问题。个性化数据既可从各种数据管理平台上获得，也可从品牌已有的数据中获得。新的动态广告投放平台和用于开发个性化内容、个性化广告的软件，使得向用户大规模发布这些个性化内容和广告变得很容易。在 API 和各类旨在使技术、平台协同工作的各种标准的刺激下，个性化广告现在很快就成为现实。

在接下来的几年中，品牌将负责创造更多高关联度的广告，而避免仅仅是向百万计的用户发布大量不相关的广告和通用版本。那些使用个性化途径、使用高关联度的内容来创建联结的品牌，将因为同时获得媒体效率（即在正确的时间向正确的人传达正确的信息）和联结而胜出，因为消费者认为这些广告能提供信息，能为他们带来价值。

程序化购买不仅在这个领域，而且还可能会成为大多数媒体交易的方式。信息和关联是使品牌广告变得更加智能和更加富有创意的首要问题，而不仅仅是一些漂亮的图像和视觉。

一个重要的转变正在发生，传统媒体时代看广告的“广播”观念，正转向新的“发布”观念，品牌的责任是以有用及高关联度的内容保持受众的参与度，而不能再只依赖有限选择和选择稀缺来实现受众的参与了。

第3章

数字化颠覆：媒体的激增和个性化广告

不管互联网是不是艾尔·戈尔[①]发明的，但它的确为向用户提供定制内容和定制媒体增加了可能性。当互联网开始流行的时候，消费者可以拨号接入，下载或访问他们想要的内容，再也不是面对300多个电视频道并经常说“电视里没什么好看的”。像AOL和CompuServe这类为消费者提供拨号、接入服务的公司早期的巨大成功表明，消费者真的希望能够按自己的意愿选择他们想看的内容以及安排时间，而不是只能按照电视台的节目时间表来收看。

雅虎、MSN、AOL等门户网站制作了大量的新闻、体育和其他娱乐内容，并允许用户对他们的媒体消费内容、消费时间进行选择。相对于传统媒体时代而言，一切都变了。

---

① 艾尔·戈尔（Al Gore）是美国前副总统，曾提出著名的“信息高速公路”和“数字地球”等概念。——译者注

事情进展到这里并没有停止。很快，几乎成千上万的网站开始提供各种各样的内容，要么广泛，要么聚焦（比如一个专门为喜欢暹罗猫的人而创建的网站）。由于引入数字化的内容生产和发布，大众媒体的时代正在过去，并大规模地朝着“定制化”媒体转型。这一运动始于20世纪90年代，在2000年的互联网泡沫期间出现了第一个大泡沫和“高峰”。这实际上是媒体和广告行业经历的几次大动荡中的第一次。

第一个网站在1991年上线；1992年，网站数量为10个；1993年，网站数量达到130个；1999年，网站数量是300万个；而到了2000年，这个数字跃升至1700万个。2014年9月，全球第10亿个网站上线。在某些方面，媒体消费的增长不仅源自从传统媒体向数字媒体的转型升级，实际上也源自媒体在户外易用性上的提升。

在互联网之前，人们在工作时的媒体消费是最小的，因为工作的时候不太方便看电视、看报纸杂志或者阅读。当互联网进入工作场所后，人们在休息的时候都可以上网冲浪，他们可以做任何事，看新闻、比赛或者娱乐——一切都来自他们办公的便利性。

接下来，一个大的变化就是便携式电脑的进入，这突然使互联网具有了便携性。你不用再坐在家里的电视机前，或者坐在你的办公桌前工作。只要你有Wi-Fi，通过笔记本，“你的媒体”就可以伴你一起旅行。

这里发生的一个重大变化是媒体消费变得个性化了，再也没有遥控器大战，每个人都可以有自己的选择。有趣的是，虽然很多人预测电视会消亡，但是这些新的媒体发布方式并没有完全夺走电视的份额，只不过使我们可以不在电视机前也能进行媒体消费了。

对于营销人员来说，互联网起初看起来似乎是一个伟大的可用于营销的新媒体。然而，通过互联网做媒体发布所面临的第一个问题是明显的网络受众碎片化。我们面对的频道不是 300 个，而是 3 亿，而且很快就会超过 10 亿。这对于试图利用媒体的营销人员来说是一个直接的问题：当你的受众群体如此碎片化时，你该如何向相关受众投放广告？你不能规模化地从诸如有线电视频道、体育版面这样的媒体购买资源。

这最终导致了一些媒体聚合平台的出现。广告交易平台和广告网络通过聚合几千个小网站的媒体资源，使品牌更容易通过单一的媒体购买达成目标。但这也没有解决如何实现更大的关联性以及如何精准地触达的问题。

为了解决关联性的问题，媒体聚合平台开始将网站组织为“细分受众群”，比如“汽车爱好者”，以方便品牌购买。这是营销人员第一次看到技术如何与数字媒体相结合，为他们在这样一个碎片化的媒体市场中达成覆盖和关联的目标提供了广阔的空间和一个绝佳的方式。

当笔记本和 Wi-Fi 使媒体明显个性化的时候，史蒂夫·乔布斯看到了另一个正在发生的巨大变化。虽然很多人都认为，无线移动通信网络被设计出来首先是为了打电话，其次可能会用于媒体，但是史蒂夫·乔布斯却将媒体放在了首位，优先于打电话。有人曾经开玩笑说，iPhone 是一个伟大的手机——如果你不需要打电话的话。的确，正如史蒂夫·乔布斯所说，这是一个“疯狂般伟大”的媒体设备。成千上万的人购买了这款炫酷的手机，他们发现这是一个超便携个人媒体终端。

2014 年，移动设备的快速增长到达了一个非常重要的里程碑阶段，平板电脑的发货数量第一次超过台式电脑。我们以前认为媒体的碎片化来自数百万计的网站数量，而移动设备的增长所表现出来的碎片化让其变得更加难以捉摸。

而当我们认为自己已经开始对媒体的混乱有所作为的时候，伴随着消费者社交媒体使用迅速而令人炫目的增长，数字媒体领域的又一个伟大的转变业已到来。社交媒体创造了数字媒体的另一种形式，甚至是更加碎片化的媒体。对于营销人员来说，更令人不安的是，社交媒体和移动的交叉带来了一个全新的移动应用世界，这与传统的网站和网络浏览体验截然不同。

同时，社交媒体也带来了消费者行为的戏剧性变化，它似乎释放了人们天生渴望分享的欲望。YouTube 是第一个这样的“社交媒体”。有趣的是，虽然当时使用了诸如“用户生成内容（user-generated content, UGC）”等名称来描述这一现象，但无论使用什么样的术语，YouTube 第一个让媒体和广告行业隐约看到，除了隐私之外，人们真的想向所有人表达自我，而不仅仅是向他们的朋友。移动设备无疑点燃了这把火，使拍照、登录、更新状态、贴图，以及在类似 Twitter、Pinterest 之类社交媒体上发信息、更新状态等事情变得轻松而便捷。

所有这些发布和共享的行为对于提高媒体消费以及媒体对用户的可用性产生了另一个影响：Facebook 创造了一个新的媒体种类，甚至根本没有被视为一种媒体。人们在上面上传图片、分享内容、上传视频，等等。每天约有三亿张图片被上传到 Facebook，分享的各种内容更是每天高达 47.5 亿条。

社交媒体成功地创造了更多的媒体形式。这种新的媒体类型也更加个人化和个性化。每个用户都有由分享内容和喜欢的媒体共同组成的时间线。在这样一个分享和喜欢某些内容或媒体的过程中，消费者实际上是告诉了媒体代理公司（其实也告诉了全世界）关于他们的一切。突然间，营销人员发现，他们花了数年时间试图寻找如何建立用户画像、描述用户上网习惯，而现在，用户几乎是自愿提供了所有这些信息。

很多营销人员看到了这些媒体消费的新形式和新渠道，并将其作为营销渠道来使用，也出现了诸如“多渠道营销”这样的术语，以描述这种跨媒体触达的需求。但是很多人还是错过了数字媒体中这些巨大变化带来的建立联结的机会。

在使用过程中，用户不仅分享了他们的信息和他们的媒体选择，也分享了关于他们自己的各种信息，比如他们的好恶，同时还有其他可以用来创造个性化媒体体验的信息。可以说，数字媒体的每个消费点都创造了用户的偏好数据。

当你登录奈飞、亚马逊的时候，你会立即注意到它们基本上都分析了你过去曾经查看或购买的项目，并基于这些历史信息为你提供了建议。这种个性化的媒体或产品选择的思路是在电子商务发展的早期就提出来的，直至今日仍然非常流行，但仅仅只在媒体和电子商务网站中被运用。

当媒体机构开始试图为用户创建个性化媒体体验的时候，一个更大的问题摆在了营销人员面前，那就是营销不再可能只依靠简单的“定向”，也就是购买与受众具有内容相关性的媒体来完成。

媒体公司和电子商务公司创造的个性化购买体验，为营销人员提供了一个关于如何在媒体碎片化背景下建立关联性的线索。

很明显，所有这些由媒体碎片化、移动设备、社交媒体形成的偏好数据都只是可用于个性化数据的冰山一角。在智能设备、可穿戴技术、物联网的热潮下，消费者正在制造越来越多的数据，告诉我们他们每天做什么、喜欢什么、睡得怎么样、他们喜欢吃什么、在哪儿吃、买什么，等等。消费者期望的回报是通过这样的智能媒体、应用程序和广告来获得个性化体验，比如允许 Uber 获取位置信息来获得便捷的用车服务。

现在，大数据无疑是在各种营销机构和首席营销官中流行的热词。是时候让我们将其用于数字广告领域，创建智能、个性化的广告体验了。

第 4 章

广告中的数据

营销人员对数据的使用几乎是从有营销活动的那天就开始的。历史上，大型零售商建立了巨大的数据仓库来分析消费者行为，以便更好地理解如何对潜在消费者进行营销活动（我建立的第一家公司 Informatica 主要是向营销人员出售用于建立这些大型数据库的软件的，现在营收已达到 10 亿美元。而我的第二家公司 Celequest 则专注于开发数据分析软件，现在是 IBM 公司的一部分）。

历史数据被收集在大型数据库中，用于对消费者的购买行为进行离线分析，并且基于“卖了些什么”“谁买了”等这样的数据来规划未来的营销支出。数据咔嚓咔嚓地被大量地快速处理，以分析价格敏感性、销售、优惠券、回扣等方面的情况。但是这些大量收集、分析的数据更多的是用来更广泛地了解消费者的行为，而不是以可行的方式直接影响消费者的购买。

直到最近，广告才开始使用这些数据，其原因主要有以下几个方面。

- 数据通常显示的是不可操作的单个活动。比如，你知道某个人买了一箱啤酒，这本身是不可操作的（除非你简单地认为这个人自己就是啤酒饮用者）。

- 数据非常孤立。比如，一个客户关系管理（CRM）系统有自己的数据，一个邮件营销系统有自己的数据，一个网站也有自己的数据，等等，将它们用一个“通用字段”捆绑既十分耗时，也不准确。因此，试图在数据之间建立关联是非常有挑战性的事情，在离线数据和在线数据之间进行捆绑更是如此。离线数据可能是像姓名、地址、社会安全号码等一类的字段，而在线数据却可能没有任何可识别的东西，像邮件地址、登录之类的信息，很难做关联。尤其是这些在线活动发生在品牌属性之外的时候。例如，尽管宝马公司拥有大量的客户数据库，但是它仍然可能无法将这些数据和访问 BMW.com 网站的数据库相关联。同样，也无法将其与那些从《名车志》（*Car and Driver*）上获取最新宝马信息的读者数据库相关联。
- 大部分数据是匿名的。销售点系统收集的零售购买数据并没有对单独的购买者进行信息记录（现在仍是这种情况，除非零售商因此引入了会员卡）。
- 在大部分情况下，实现触发额外购买的完整闭环最终必须离线完成（例如，向家庭邮寄优惠券或发送特惠信息的电子邮件）。
- 数据不够精细。大多数数据的分类非常宽泛，例如性别、年龄、可能的购买行为等，但是却很难获取大量的精细化细节数据。
- 在营销活动中收集、处理和使用数据的成本是令人望而却步的，所以许多营销人员只好回到传统的“吨位”级的处理方法上，以广泛的信息大规模地覆盖大量人群。
- 对隐私权的关注和隐私权保护主义者的活动，阻碍了营销人员过度使用数据。虽然今天这仍然是一个问题，但是这个问题的影响看起来在逐渐减小，新一代的消费者似乎可以在社交媒体上发布他们最私密的信息，让全世界都看到。因为这些数据是使用者自愿提供的，使用起来是安全的，所以像 Facebook 和 Twitter 这样的公司通常使用这些数据来投放有针对性的广告。

- 技术已经发展到可以在不知道任何个人身份信息（PII）的情况下准确识别他们，从而绕过隐私问题，以后更会如此。

数据的收集和离线分析已经在营销中有若干应用，并且已经被许多营销人员大量使用。各种各样的技术被用于确定消费者行为，从显示某些产品季节性购买趋势的简单报告（比如开学的时候，学习用品会卖得很好），到更复杂的“数据挖掘”发现的结果，就像经常被引用的“啤酒和尿布[①]”的关系。相当长的一段时间，这都被视为营销人员用来确定消费行为、打动潜在消费者的最好的技术。

伴随着由社交媒体快速发展带来的数字媒体消费领域的剧烈变化，消费者的购买行为也发生了重大变化。许多年轻的消费者已经不再遵循传统的“销售漏斗”（即营销人员看到消费者遵循某种次序的购买过程，通常也被称为“销售管线”）。这一变化在沙琳·李（Charlene Li）和乔希·贝诺夫（Josh Bernoff）合著的《公众风潮：互联网海啸》（*Groundswell*）一书中有详细的描述。在这项开创性的工作中，他们描述了消费者在如何购买产品方面的巨大变化，以及互联网和社交媒体是如何改变人们购买产品的方式的。这本书中谈到，朋友的推荐、网上关于产品的帖子比报纸、电视的广告更容易影响购买决定。作者发现消费者对品牌影响和品牌记忆不太重视，更重要的是价值研究和

① 啤酒和尿布的案例是沃尔玛公司的一则经典营销案例。每到周末啤酒和尿布的销量就异常地好，原因在于周末电视会转播球赛，男人们在家看球赛的时候都会拿上一罐啤酒，受冷落的妻子会出门逛街或与闺蜜小聚，照顾孩子的重任就留给留守的丈夫。于是，沃尔玛公司在超市中就把婴儿尿布放在啤酒销售区旁，男人往往就会在超市买啤酒的时候会顺手拿起尿布。此后，不管是尿布还是啤酒的销量都增长了一倍。这一例子常用来说明交叉销售（Cross-sell）的重要性。发现一位现有顾客的多种需求，并通过满足其需求而实现销售多种相关的服务或产品的营销方式，促成了交叉销售的各种策略和方法。简单来说，就是在同一个客户身上发现不同的购买需要，进行推销。另外，在海量数据挖掘技术中，关于关联规则、频繁项集挖掘也会经常使用这一案例。——译者注

社交网络的推荐。

这种购买行为令人瞩目的变化需要最新的方法来收集和处理数据。事实上，即使是数据本身的概念也正在发生改变。新类型的数据（如社交媒体的帖子、推文等）都成为理解消费行为必须分析的数据。

由于所有这些数据都在广告主手中，问题理所当然地就变成了“如何使用数据来制作更有效的广告”？第一种方法当然已经被使用了一段时间，那就是定向（Targeting）。定向是指使用数据来确定用户是不是目标受众的一部分，然后才向该用户投送广告。

在电视和印刷媒体的世界中，营销人员会通过购买针对特定人群的媒体时段和版面来实现广告的定向投放。比如说，户外装备的营销人员可以在国家地理的电视和平面媒体投放他们的广告。而类似地，金融服务产品的营销人员则可能瞄准 CNBC 和 CNN Money。

在数字媒体领域，大型广告网络和广告交易平台有大量的覆盖各类受众的广告资源。使用数据管理平台（DMPs）可以划分受众群体，并提供给购买者。例如，你可以购买像“汽车爱好者”这样的细分板块，从而只在那些用户对汽车感兴趣的网站上投放你的广告。

受众群划分可能非常细致，甚至可能包括最近的购买行为。例如，“有购车意愿”的群体会包括最近浏览过汽车网站或有过搜索行为的用户。

购买这样的目标受众资源的费用可能相当昂贵，因为媒体、发布商可能只有少量的这类特定受众，所以不得不以显著溢价来销售。

使用数据进行定向传播也面临一个问题：这有点像使用机枪而不是步枪，你最终还是把很多子弹扫射了出去，希望击中目标，而不是智能地使用已有数据来精确地发送信息，击中他们。

细分受众群通常是宽泛和一般意义的。因此，虽然这种购买会让媒体支出更有效，但也会增加不合理的成本，因为你仍然可能触达到大量对任何产品营销都不感兴趣的人。

基于受众群体的定向投放面临的其他问题还包括：由于大多数数据是人口统计学和行为学数据（比如年龄组、性别、访问的网站），所以这些数据不足以描述由社交媒体和移动设备主导而形成的相当复杂的购买路径。

当在广告的语境中使用“数据”这个词时，大多数人立即想到的是关于消费者和终端用户的数据。一些新类型的数据与提升广告的个性化变得越来越相关。用户的环境数据在针对他们的定制广告中变得越来越有价值。知道用户所在地的天气，就使得广告可以被定制，推送该天气状况下适合的产品。比如，当气温为 24℃时，星巴克可能就应该推送冰茶的信息；而当气温低于 16℃时，星巴克可能会展示拿铁咖啡。用户环境的感知正在成为与用户联结的有力方式，因为这些数据不被视为个人数据，所以不具有任何典型的有关个人信息的负面含义。

随着移动设备的激增，可用于个性化广告的数据类型数量在过去几年中显著增长。这些移动设备真的成为我们自己的扩展，它们与我们一起随处旅行，除了淋浴的时候（虽然我相信有人会把他们的手机放进防水套，淋浴的时候也带着）。很多活动我们以前只会在单个离线设备上进行，例如相机、遥控器、电视机、游戏机等，而现在这些功能都已经被纳入我们的某个单一掌中设备了。

每次与你的手机或其他应用程序打交道时，数据都被记录并可能传输给应用程序开发者。应用程序开发者可以运用这些数据提供更加个性化的内容或广告。这些数据也有可能被提供给第三方，用以创建它们的内容和广告产品。

事实再次证明，当谈到我们携带的移动设备时，手机只是冰山一角。健身追踪设备、智能手表和其他设备已经成为我们日常携带设备的一部分。所有这些设备都在不断地将关于我们的数据传输给设备制造商和移动设备开发商。

同样，将一个人与其偏好绑定，也可以通过位置感知来实现了。很多零售商已经在测试 beacon 技术（主要指基于位置的移动应用开发平台和硬件等）。只要简单检测到你在某商店附近，该商家就可以发送优惠券或广告到你的移动设备上。如果你下载了星巴克的 App，你肯定已经感受到这种技术在一点点地行动——每次只要你靠近一家星巴克店，就会看到其弹出的提示。

所有这些都指向一个事实：数据是营销人员的战略性资产。这也使品牌可以通过快速、高关联地创造独特的个性化信息和广告，显著提升用户体验和品牌价值。

拥抱数据、巧妙地使用数据来驱动营销的努力，将使品牌大大领先于它们的竞争对手——那些还认为吸引用户参与的最好方法是买一个 30 秒电视广告的企业。

第5章

顾客的购买之旅：关联性和参与度的提升

尽管人们最大努力地使用数据来定位细分受众，并且通过使用各种媒体分析和建模来选择媒体，但是广告效果仍是一个具有挑战性的问题。其中一个重要的原因就是，人类的大脑非常善于忽略不想看到或者不想吸收的东西。

赛斯·高汀（Seth Godin）的著作《紫牛》（*Purple Cow*）是我看到过的关于营销最有影响力的书籍之一。在这本书中，高汀描述了这样一个场景：他们一家驾车到乡下的时候，牧场上突然出现了一些美丽的奶牛，车上的人激动地探出窗户往外看。一会儿之后，他们看到了更多的奶牛，反应也是类似的。很快，他们又看到了数百头奶牛，但已经失去兴趣并回到自己的座位。高汀问，如果突然有一头紫色的牛出现在奶牛中间会发生什么？可能每个人都会同时从自己的座位上跳起来，拍照什么的，然后，当他们看到更多紫色的牛时，他们可能又会坐回自己的座位上。

广告需要不断地获取用户的注意。因此，当营销人员继续以低成本触达和将“吨位”级投放作为唯一工具时，他们可能会持续看到乏味的结果。特别是在注意力越来越短暂化、越来越容易分散的背景下，广告的焦点需要被转移到提升相关性和参与度的方法上来。

在这里，我想谈一些广告主可以用来提高关联，从而获得更大相关性的关键性技术。

定制化。使用针对个人的定制化营销信息，比使用一般性的“巧妙”的信息要好。创意机构花费数周和数月的时间尽可能地调整广告内容，使单个信息更具吸引力，但是它们发现用户很可能会因观看的广告与其无关而选择忽略。

由于持续不断的信息泄露，典型用户每天都会受到信息的轰炸——从各种形式的媒体，到聊天、电子邮件、短信、社交媒体帖子、推文等，人类的大脑正在快速发展以实时过滤，只处理和他们相关的信息。通常，人们每天大概要收到 75 封邮件，其中只有 42% 是重要的或者与其相关的。用户总是需要花费几分钟来“恢复”，即从不断跳出来的电子邮件的干扰中摆脱出来，回到之前的任务语境中。

让我们来设想一下，当你看电子邮件的时候，你可能已经在甚至完全没有考虑的情况下自动忽略了你认为不重要的人的电子邮件、垃圾邮件、推销邮件，等等。你想要快速找到你需要回复的重要邮件。当我在写这些东西的时候，我看了看我的收件箱，里面有 72 121 封未读邮件，积累了三年。显然，我处理了那些我需要的邮件，而忽略了那些与我无关或者看起来与我无关的邮件。

那些具有个人针对性消息的广告更容易获得用户的注意和参与。尽管定制消息并不是什么革命性的想法，但许多营销人员认为他们可以没有这些东西，或者很难执行这样规模化的“定制”。如果营销人员希望看到他们的努力有结果，那这种观念就必须改变。

我最近收到两封电子邮件，表明品牌已经开始关注到个性化的价值和重要性。一封来自万豪集团为我个人定制的视频邮件，感谢我是一名万豪酒店的忠实客户，并且告诉我有多少积分。第二封邮件来自美国第三大移动运营商Sprint，其中嵌入了一个包含我个人账单的视频，所有细节都被嵌入到了这个视频中。这些都是很好的例子，说明它们关心我的时间，直接与我对话，而不只是用群发信息进行狂轰滥炸。

内容。注意，是内容，不是拷贝。这里的意思是，消费者已经变得麻木，并会在很大程度上忽略那些宽泛、通用的品牌信息和拷贝。他们更感兴趣的是对他们有用的内容。例如，户外自行车设备零售商通过含有与户外骑行相关的视频或其他内容，更容易地与客户建立关联。如“晴天的骑行技巧”或“三步轻松掌握山地骑行”等此类信息，而不是类似“巅峰（Acme）自行车——通过我们体验骑行”这样的通用信息。

这种以内容为中心的技术所面临的挑战是这些内容不容易分发。今天的品牌开始花费大量资金为“内容营销”生产内容，但它们仍然认为内容本身就是一个孤岛；创造优秀的内容昂贵而耗时，所以为什么不将内容整合到付费的媒体广告中去，以使其更好地与用户建立关联呢？

实际上，之所以向原生广告格式转变，是因为嵌入内容中的广告似乎产生了比广告本身更高的参与度。

时间。尽管在过去一年左右的时间里，我在电视、报纸、杂志、网站、应用程序等上看到了数百次手表广告，但我会对一个手表广告做出响应的时间，是我正有意购买一只新手表，或某只手表正好具有我想要的新功能的时候。如果我每周看广告的时间太早或太晚，我就有可能不会购买手表。从表面上看，这种吸引用户的方式似乎最具挑战性。然而，如果我们对促使人们购买的行为进行思考，这种挑战性就会降低。事实证明，当我们准备购买时，我们很善于讲述。例如，我们会开始搜索和浏览，我们可能会在社交媒体上告诉我们的朋友，我们可能拍照并在 Instagram 或 Pinterest 上分享。当我们即将做出决定时，我们可能会访问品牌的网站，寻找我们需要的内容。

我们留下的大部分跟踪数据会立即被提供给营销人员，以便他们可以尽快提供与我们相关的产品广告。

在汽车购买的过程中，对各种网站的访问数据可以显示购买意愿。例如，某位访问品牌主网站的用户，开始显示出了她对此感兴趣；如果继而访问了凯利蓝皮书（Kelley Blue Book）[①] 网站，那她很有可能正在研究汽车的价格或是现有车辆的二手交易价格；如果她在当地汽车经销商的网站浏览库存的话，那说明她已经在查看特定车型是否有现货。此时便是向这个用户投放广告的最佳时间。但通常来说，做到这一点几乎是不可能的。唯有可能实现的是，根据用户的购买阶段来动态地跟踪，将信息进行排序，使用户在其整个购买过程中，看到与其相关的广告内容。

在购买的早期阶段，你应该根据用户关注的内容，让广告更多地展现汽车的关键特征、丰富的视觉表现等；当用户正在关注价格时，你的广告应当更多地强调特殊的季节性优惠、促销等；当用户开始浏览可选车型时，你可以跟踪用户对颜色、配置等的偏好，为她提供该颜色、配置车型库存的广告信息；一旦她购买了汽车，不要止步于此，你可以开始提供类似驾驶技巧、旅行、配件

① 凯利蓝皮书是美国一家专业汽车评价公司，其出版的杂志也被称为《凯利蓝皮书》，官方网站多被称为汽车评价网。该网站依托《凯利蓝皮书》的标杆性地位，对二手车评估有一套专门的 KBB 估值模型，已经成为美国人乃至全球用户买卖二手车必参考的网站 / 杂志之一。—— 译者注

等的个性化广告，这是一个销售配件的极好时间。

这种数据的智能使用——提供高相关性的内容和基于可用数据的消息推送，对于建立关联、提升用户参与度大有帮助。

将个性化与顾客购买路径相匹配

客户所经历的购买旅程是什么样的？这对营销人员来说是一个重要问题。传统上，营销人员遵循前面描述的典型销售漏斗，即客户首先感知到品牌，反复考量，在类似品牌中建立品牌偏好，最终形成购买。管理咨询公司还对这个漏斗模型进行了多次修改，将社交媒体的影响以及那些可以影响购买决策的因素考虑在内。

不管你是否相信或者支持这种漏斗路径，漏斗的每一个阶段都对品牌有着不同的影响。同样，品牌的多重曝光最终也会导致购买。当然，问题是，最终导致购买的，是简单的多重曝光，还是基于从购买者获得的深度洞察的多重曝光。

策划时序性和个性化广告的思路是，顾客在购买进程中可能会分享关于他的愿望的有价值的信息。明智的品牌不仅仅会重复推送客户以前见过的同样宽泛的信息，而且还会使用这些顾客的愿望信息来定制内容，以满足客户下一步的信息需求。

让我们来考察一下用户购买汽车的周期。购买者想买车可能已经有一段时间了，但是还没有开始积极地搜寻相关信息。在这个阶段，对她最有价值的是品牌知名度。鉴于不是每天都会有新的汽车制造公司出现，这里更重要的是产品品牌而不是公司品牌。比如说，如果你在做家用车市场，那么知道特斯拉汽车公司发布了一款家用轿车，这样的信息将会更有价值。

一旦证据显示购买者已经看到一个展示特斯拉新款家用车车型的广告，这表明相同的广告不会再发挥多大作用。也许现在你应该为她提供另外的广告，着重突出汽车的主要特点，比如电动、豪华、省钱等。如果她看到这个广告，然后去特斯拉网站浏览不同的车型、颜色、配件等，那么说明用户对特斯拉汽车感兴趣（她可能仍然在进行购买比较，所以你还不能断定她一定会买辆特斯拉汽车，但是你可以得出结论，特斯拉汽车是她的选择之一）。

对于特斯拉公司而言，下一步应当是根据用户在网站上的选择，展示她选择的颜色、风格车型的个性化广告，或者是附近的经销商地图，甚至是她选择车型的经销商的库存情况。

如果用户没有对该广告做出反应，那么也许她仍在进行购买比较，此时可能是推出购车金融方案或者特别折扣的时候了，以此来刺激其访问品牌网站或者经销商网站。

当然，购买者的实际行为不会按照一个严格的路径来进行。有些购买就是因为视觉吸引力，或者他们的朋友买了，还有些购买是因为某些技术和功能。当然，还有很多人仅仅只是关注价格而已。很难知道一个潜在购买者属于哪一类。但是，通过对网站访问数据的良好分析，可以收集到大量关于兴趣甚至是近乎准确的数据。例如，一个在品牌网站上花了大量时间来研究购车金融方案和配件价格的购买者，可能更关注价格，而详细查看所有发动机规格的购买者对汽车性能的关注可能更多。

理想的个性化应当基于实时的数据信号，这是确保品牌可以在消费者做出购买决定之前准确影响他们的唯一路径。

现在，你可以在到达目的地，走出机舱的路上预订酒店房间。大量应用程序的存在可以提供有竞争力的价格和酒店供应，因航班延误订不到酒店不再是问题。事实上这是很有好处的。比如，我发现，许多航空公司和酒店会在有效时间之前的几个小时对座位和房间给出大幅折扣。

飞机起飞时，如果座位是空的，就不会产生收入。同样，傍晚后房间如果是空的，就不太可能再会有人入住。以甚至一半的价格销售航班座位和酒店房间可以产生收入而避免损失。

同样，新的应用程序可以在前一天或同一天因一些客人取消了之前的餐厅预订而提供新的座位，这给那些因为餐厅被订满正在等待的人提供了新的机会。

这就告诉我们数据在今天的市场营销中有显著的时间价值。个性化广告可以利用瞬时事件带来的机会，显著提升客户的参与度和品牌销量。

当然，用户购买之旅将变得越来越不可预测，而且经常会受到顾客周围发生的事情的影响。移动通信技术因为能在恰当的时间和地点为消费者提供恰当的产品或服务，所以也能让消费者可以即刻购买而不需要经过太多的计划和思考。

这完全颠覆了品牌很多关于消费者购买旅程和购买路径的传统认知。它不再是时序性的和可预测的。品牌必须理解这一点并做好准备，在顾客日常生活中的各个时刻出现——教育、娱乐时刻，并与之建立关系，在购买之前成为最后的影响点。这确实是品牌在这个新世界中确保成功的唯一方式。

新的现实需要的不是渐进的变化或思维调整，而是一种截然不同的思维方式，将消费者置于首位甚至是“驾驶者”的位置。因为消费者与品牌分享他们的偏好，允许品牌向他们提供他们需要的、帮助他们做出购买决定的信息。居高临下地向消费者说话，用大量不相关的信息对之进行轰炸，不断用同样无效的广告打扰消费者，只会疏远这样的新型购买者。顺便说一句，通过功能越来越强大的智能手机和应用程序，这些购买者手中握着所有的选择。品牌的竞争只在一个应用程序之上、一次点击之间。

个性化广告关乎我们改变营销的细分方式。它不是试图预测和跟随客户的购买旅程，而是力图始终将信息呈现在恰当的时间和恰当的地点——最理想的是出现在客户做出购买决定的节点上。它抛弃了思维的线性过程和大众营销的想法，目的是为了获得精准和关联，并创建能够产生结果的用户参与。

第6章

定向VS个性化广告

几年前，“定向”几乎是每一个广告从业者挂在嘴边的词儿，也是对前面提到过的媒体碎片化问题的一种解决方案。

随着媒体变得越来越碎片化，品牌和媒体代理商想购买某些特定的媒体，来触达他们想要的受众已经变得非常困难。真的几乎没有什么办法能够规模化地在互联网上找到几百万像“园艺爱好者”这样的细分受众群。

为了解决这个问题，广告网络开始聚集大量的类似媒体资源，使媒体代理商更容易从单一来源而不是许多媒体发布商那里购买媒体资源。这在解决了聚合问题之后，也带来了一个新的问题：品牌完全不可能知道它们是否真的触达它们想要的受众。

广告网络迅速提供了“定向受众群购买”形式的解决方案，其中主要用的就是行为数据（比如用户经常光顾的网站）。通过这样的方式，可以将自己的广告资源分为品牌可以购买的“受众群体”。

实际上，目标受众群购买已经流行了一段时间了，但是营销人员很快意识到，他们不仅要为任何形式的定向支付更高的溢价，而且也无法证明他们确实触达目标受众。事实上，在许多情况下，甚至没有什么方法来验证他们是否真的触达受众群体，而不是机器人和广告网络上的假流量。品牌为此采取的应对措施，就好比“喷雾与祈祷”：即它们尽可能以最低的价格购买大量非定向的广告资源，并且获得尽可能多的曝光量（听起来是不是很熟悉）。

如果在媒体采购建议书中确定了宽泛的受众群体定位，如“20 到 40 岁之间的男性和 30 到 50 岁之间的女性”，这几乎等于没有任何细分和定向，也没有什么方式可以检验或者确认。同时，这种宽泛的目标参数实际上导致投放的同时覆盖了非目标媒体。从投资回报的角度来看，你最终只会付出更多的钱，触达更少的人。

这种“受众群购买”根本不起作用的原因之一，是因为它是基于广告网络和交易平台按受众类型对网站所做的划分。这并不是很科学，仅仅是基于个人意见所做的划分而已。一些受众测量工具，如 Comscore 和 Nielsen，试图对此提出一些验证，但是同样地，结果还是很宽泛，对精准触达起不到任何帮助作用。

程序化媒体购买平台和媒体管理平台（DMPs）会使情况变得好一些，细分受众群类型是由软件完成的。此外，因为媒体管理平台独立于媒体售卖方，至少有一些表面上的检验证明其确实触达目标受众，而不只是看媒体售卖方的承诺。

总体而言，虽然定向已经为品牌带来了一定的触达其受众的能力，但更准确地说，这更像是“听天由命 ”，而不是以精准、定制化、富有创意的信息来实现受众的参与。

这种个性化包含了基于用户数据而调整的广告分发，这显然比只是投放宽泛信息并希望其与某人相关的做法要更加有效。

毫无疑问，数据驱动的个性化广告也带来了费用的增加。然而，费用增加的形式往往体现在提高广告服务费而非媒体费用上。由于广告服务费用通常低于相关媒体费用的10%，我相信大多数营销人员对此会快速计算。从投资回报率的角度，对他们来说，更好的方式是购买轻度细分媒体，使用个性化，以确保相关受众获得具有针对性的信息。

另一个被经常用于个性化广告的术语是“微定向（micro-targeting）”。媒体定向通常不能太窄，大多数广告发布商喜欢销售未细分的广告资源，因为将其广告资源细分为狭窄的受众群，通常会导致广告资源供应出现大量问题，或者是因为广告投放计划没有专门对媒体资源进行特定细分而无法销售。

由于个性化广告并不真正依赖于媒体，而是依赖于那些告诉我们一个人的兴趣以及他所属的受众群的外部数据，所以它可以非常准确地将信息传递到非常窄的范围，甚至是个人。

定向还没有真正解决用户对广告冷漠的问题。这是一个大问题，背后的原因是数字广告的表现乏善可陈。为了确保与广大受众相关，营销团队经常会提出一些平淡无趣的信息。这种放之四海而皆准的信息通常在设计的时候就是为了吸引每个人，但最终的结果往往是无法吸引任何人。

“重定向（Re-targeting，又称访客找回）”近年来已经变得非常成功，其本质上是“定向”向“个性化”的大转变。想一下，重定向与定向非常不一样。定向是基于人们的性别、年龄、住址等来推测其对某个产品的兴趣，而重定向则是使用硬性的事实数据。比如，某人实际访问过某个品牌的网站并清晰表达了对品牌的兴趣等。因此，重定向在本质上更多的是关于个性化，而不是关于定向的。事实上，大多数个性化项目一开始都将网站活动作为首要数据来源以让其广告变得个性化。

只使用定向实际上会错过与用户建立互动的机会。在邮件、文本、微博、帖子等所有混乱的内容和碎片化的媒体环境中，靠品牌广告来吸引用户的注意力是很难的。但如果你自己没什么有趣的东西跟消费者讲，那你又怎么能责怪他们忽略你的广告呢？为什么不让你的信息脱颖而出并与他们相关联呢？

第7章

原生广告、内容营销和个性化广告

原生广告、内容营销虽然是完全不同的广告形式，但它们和个性化广告也有很多共同点，甚至容易混淆，所以值得讨论一下。

对于大品牌而言，让原生广告、内容营销和个性化广告协同作用，可以避免重复工作，实现协作和资源共享，而不是孤立工作、重复劳动和浪费资源。

关于原生广告有很多定义，但有一点是大家都认同的，那就是广告被很好地植入甚至融入网站的内容中。从这个角度说，也可以把原生广告理解为一个被个性化了的网站广告。事实上，许多原生广告平台"借用"其主站的风格、外观和感觉，以模仿它们，这样的平台也被整合到网站的内容管理系统中，以拉动网站内容进行定制化。因此，架构原生广告在许多方面与个性化广告类似，但是架构原生广告的数据和内容整合需求更简单，因为毕竟这一个性化过程针对的是网站而不是个人。

原生广告与个性化广告也有很多共同点，其内容呈流体动态聚集，这与个性化广告非常像。它们的不同之处在于用于驱动创意内容进行展示的数据的深度和广度，还有就是投送个性化广告活动所涉及的规则和优化的复杂性。一般来说，个性化广告平台可用于投放原生广告，反过来则不行。

内容营销在大多数市场营销机构中占很重要的地位。内容营销有时也被称为“免费获得媒体[①]”，可以为品牌带来参与度，而不需要大量的媒体费用。最早的内容营销形式可能是 YouTube 视频，品牌可以以用户生成内容风格的形式上传视频，以期获得观看和分享。近来，社交媒体平台几乎都是在围绕创造分享内容而发展，最终成为非常重要的内容营销平台。

鉴于这种免费获得媒体模式的重要性，品牌已经在其营销组织或代理机构中设立了团队，专注于开发用于社交媒体平台分享的内容，其数量每天都在增长。Facebook、Twitter、Instagram、Pinterest、Vine 以及其他社交媒体网站正在成为可扩展的平台，用于向大量用户分发品牌内容。如今，这样的模式可以和付费媒体模式结合使用，以扩展内容的触达范围。

内容营销和个性化广告有很多共同点，它们都将焦点放在向用户呈现相关内容这一想法上，并以更类似的发布而不是广播的方式及时、动态地将内容推送给用户。它们的不同之处在于，个性化广告是用用户数据武装起来的，使得其内容更具针对性并与用户相关，因为它是针对用户定制的。社交媒体平台也开始使用自己的数据来提供这样的内容营销模式。因此，在社交媒体平台上，内容营销和个性化广告以某种方式混合在一起，使得它们最终可能无法区分。

一些发布商已将内容营销整合到其付费媒体产品中，以便生产“规模化的原生广告”产品。全媒体有一套“对话式”单元，将网站内容与广告文案整

① 免费获得媒体（Earned media），也被称为“用户自媒体”，一般与付费媒体（Paid media）、自有媒体（Owned media）相对应。——译者注

合，并将结果作为“内容完美”的广告单元（位于网站的内容流中）和展示广告单元进行投放。Blogher 是一个整合女性内容的网站（最近与 Sheknow 合并），它就有一些广告格式在显示单元中结合了原生内容。

在社交媒体之外的世界，内容营销和个性化广告有着明显的区别。它们通常也是由品牌或其代理机构的不同团队来执行的。像“大规模内容”这样的术语，就是针对社交媒体平台内在的“免费获得媒体”资源的先天缺乏而提出来的，同时也是针对内容营销模式可通过使用付费媒体实现规模化这一事实提出来的。

总之，个性化广告与原生广告、内容营销及其他方式之间的明显区别是，个性化广告（如其名称所表明的）是以人为中心的，它通过使用尽可能多的形式和来源的数据，为最终用户创造一个独特的个性化体验。个性化广告的内容、媒体和其他方面都是次要的，其主要目标是确保用户看到与之相关的内容，并以建立消费者参与为结果。

随着时间的推移，所有这些不同的营销方式很可能将会融合在一起，合而为一。如果让我打赌的话，我认为结果会趋向于个性化广告。因为它更可解释、更可延伸，它把最重要的人（顾客）放在了核心位置。

第8章

动态创意优化 VS 个性化广告

动态创意和消息推送的最早形式在本质上其实非常简单。品牌会提供一些可选择的创意和消息格式，向目标受众投放，并从中选出那些用户参与度最高的。这一被称为动态创意优化（dynamic creative optimization，DCO）的技术已经使用了一段时间。为此目的开发的技术平台也已经存在了一段时间，其中大多数平台现在都已成为大公司的一部分。比如，Teracent 现在是谷歌的一部分，Tumri 是 Collecitive Media 的一部分，而 Dapper 现在是雅虎的一部分。

虽然 DCO 是对定制、优化创意、消息传递第一次大的尝试，但它并没有真正利用现有的大量有价值的数据来驱动规模化的消息定制和推送。

DCO 起源于绩效营销（performance marketing）和直接响应广告活动，即广告主根据点击广告的人数和转化次数（即看到或参与的用户完成的购买次数）来衡量广告的效果。

此类广告活动的衡量标准是确保低成本，因为其目标是在既定成本内产生最高的转化次数。这导致转化成本的降低，同时意味着数据和其他动态广告技术使用的最小化，因为很难证明这些数据和技术带来的额外花费会提高投资回报率。

最近，随着足够好的粒度数据可以更自由地被用于个性化广告，数据已经成为动态广告的关键要素。

创意优化的早期改进包括使用网站的 Cookie 数据来使广告个性化。例如，如果你访问了服装零售商的网站，看了一种特定颜色或风格的服装，Cookie 就会记录下这些偏好。优化后的广告会显示你选的那件衣服，甚至可能是类似你也许会喜欢的衣服、鞋子的搭配等方面的建议，而不是给你显示一个服装零售商的通用广告。

使用偏好数据，如来自数字媒体管理平台和从用户环境中收集的实时数据，来创造更具吸引力的广告体验，这是动态创意下一步可以达到的层次。

使用 Cookie 来使广告个性化是一个巧妙的想法，但它忽略了数百万从未去过零售商网站的用户，他们基本上被那些自动忽略的通用广告所覆盖。

DCO 的重点更多地在优化。其所有的内容都是为了在众多创意中找出用户可能会参与的选择。这些选项中可能有些很智能，比如，“用户是否会对汽车的特价优惠或者视觉效果做出响应”，更多普通的广告则可能在尝试寻找创意元素的配色，以及使用“特别优惠”还是使用“降价”更好等这类问题的答案。

很多 DCO 平台还会提供可接受多种广告变量的算法，并根据互动指标对其进行加权，试图找出消息、图片、视频中的哪些变量会产生最佳效果。

一般来说，DCO 面临的挑战是，其涉及向消费者抛出很多东西，然后等着看会有什么“棍棒”。一个更好的方法当然是试图更好地理解个人用户的好恶，并向他们推送经过智能优化的广告，这其实就是个性化广告要解决的问题。

个性化广告的焦点和重点在于数据，以及运用数据决定最佳的、针对个人的信息及其推送方式的规则和算法。比如说，当知道某一地区的天气比较温暖的时候，Dunkin 甜甜圈就可以销售冷饮而不是热咖啡；当知道用户经常旅行的目的地时，就可以向其推送该目的地的酒店或航班报价；当知道用户是一个运动爱好者时，就可以推荐喝点什么来庆祝比赛获胜甚至直接推荐饮料，等等。

个性化广告也吸引着负责品牌建设的营销人员，他们发现使用数据定制内容和投送方式，将广告推送给特定细分受众，是创建品牌知名度和参与度的路径之一。

DCO 平台通常并不十分适合分发个性化广告。原因是使用个性化广告，重点不在于为创意服务或是衡量结果，而在于数据的标志性信号和规则，这恰恰是大多数 DCO 平台比较弱的方面。将创意本身与这些规则和数据集成，对于实现个性化广告的规模化至关重要。

DCO 是动态广告创意的理想开端，它也是对个体用户传递精准信息的数据的额外补充 。在创造用户参与方面，它算是游戏规则的改变者。

第 9 章

Twitter 进入展示广告领域

除了丰富的关于用户的细粒度数据外，Twitter 和 Facebook 之类的社交平台引入了一种全新的广告方式——即刻广告（in the moment）。

Twitter 和 Facebook（很快会有其他社交媒体平台加入）完全改变了传统的媒体策划和执行的方式。在传统的广告模式中，品牌从一个大的概念或者想法开始，花几个星期甚至几个月与一家创意机构，就各种各样的想法、妙语连珠的文案、朗朗上口的广告歌曲进行反复讨论、头脑风暴等，接下来是一个同样冗长烦琐的媒体策划过程，目标媒体被筛选出来并开始议价。最后还有一个相当艰苦的创意和项目执行过程，这通常需要几个星期或者几个月。

所有这些策划和工作意味着品牌永远不会利用用户关注的事情并做出响应。比如说，不可能用某位名人理发这样的消息来实现用户参与。品牌也在努力参与或支持类似于像 2014 年流行的 ALS 冰桶挑战这样的活动。这都是因为发布一个这样的活动需要更长的策划和创意周期。

Twitter 和 Facebook 正在提供一些平台，将用户关心的相关度高的信息实时触达受众。例如，在 2013 年“超级碗”赛的停电期间，奥利奥公司的“黑暗之中，你仍然可以泡一泡（再吃）”[①]这一几乎是与事件同步的推文，在短短几分钟内就获得了 15 000 次转发。

iPhone 6 推出的时候，遭遇“弯曲门”事件，用户报告如果把手机放在牛仔裤裤兜里，手机会变弯。糖果品牌 KitKat 利用这一事件在 Twitter 上贴出了一幅图，画面是块折断的夹心巧克力，文案是“我们不弯，我们一掰就断”。这条推文在很短的时间内被转发超过了 28 000 次。

此类广告的转发数量都显示，在正确的时间发送正确的信息有多强大的力量。你还要考虑到这些都是不用付费的媒体活动，其结果相当惊人。

虽然 Twitter、Facebook 和其他社交媒体平台都在以类似的案例宣传个性化、即刻广告等营销活动如何强大，但是这种方法仍然面临一些挑战。

首先，Twitter 和 Facebook 上的广告格式非常有限。虽然它们还在持续改进其广告格式，但出于（太多形式）可能会让用户心烦意乱的担忧，它们还是无法真正提供其他媒体所能提供的各种创意体验。

其次，也很重要的是，尽管它们获得了数以万计的转发和喜爱，和这些活动一样成功，但这很难复制，也很难成为品牌追求的规模化方式，特别是需要考虑到大多数品牌自己所发的推文几乎很少能靠用户分享来实现用户参与。当

① 2013 年 2 月，美国橄榄球联盟的年度冠军赛“超级碗（Super Bowl）”在新奥尔良开赛，这是最令全美热血沸腾的年度赛事，也是收视率最高的电视节目。但在旧金山 49 人队对阵巴尔的摩乌鸦队的第三节比赛进行到第 13 分 22 秒时，体育场内突然遭遇了停电。停电事故发生后，奥利奥以迅雷不及掩耳之势制作了一张海报传到了 Twitter 上，海报上写道：“黑暗之中，你仍然可以泡一泡（再吃）。”此事引起了强烈的反响。——译者注

然，考虑到媒体成本为零，这类成功的例子还是带来了卓越的投资回报率。

所以，一般来说，在某个特定时刻捕获受众看起来似乎是一个好主意，但是要规模化地实现这一做法，需要相应的技术和可以分发个性化广告的技术平台。没有什么特定的方法能确保策划出睿智、富有创意的营销活动，因此，它们很难被复制。特别是对于用严格的投资回报率来评估的营销人员来说，他们的工作经常被用如何影响销售来进行评估。

一个非常强大的营销组合是展示广告的规模、触达，通过与 Twitter 和 Facebook 的相关性、即时能力，动态而规模化地分发个性化广告。这种方法从根本上改变了活动被视为一个周期的看法。传统的广告活动过程是一个非常线性的过程，基本上是沿着以下的线路进行：

提出想法／概念 → 媒体策划 → 开发创意素材 → 制作广告 → 发布广告活动 → 评估 → 优化

当今社交媒体中的实时消息、大量用于个性化广告的数据，以及规模化分发个性化信息的技术，都需要不同的流程。这个新流程看起来就像图 9–1 展示的那样。

这里想说的是，营销和广告不是一个个分散的活动，而是品牌与它们的客户和潜在客户之间的持续对话和沟通。无论广告或营销活动是针对一家专注于定价和供应的电信公司，还是一个需要被视为熟知关键奢侈品趋势的奢侈品品牌，这种即时消息推送和即时营销的概念才是关键所在。

例如，对某个奢侈品手表品牌而言，传达的消息需要随着时间的变化（例如“为你心爱的人买块表”“做个圣诞老人，给她时间”）、事件的变化（例如

"穿米歇尔同款出席你的奥斯卡晚会[①]""克鲁尼刚结婚，看他穿什么[②]"），甚至其他可能在那个时刻发生的事情而变化。

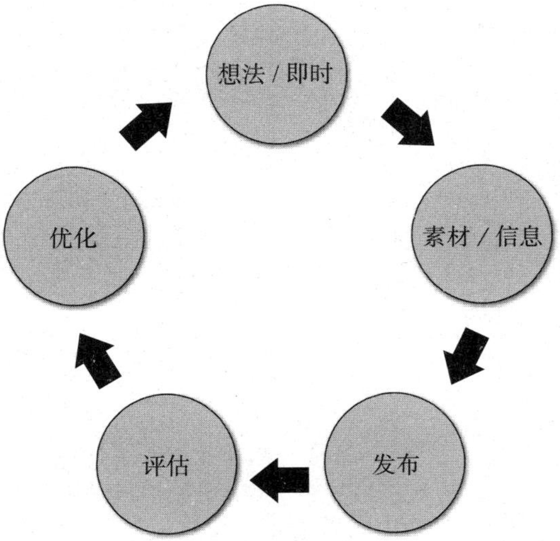

图 9–1　个性化广告的新流程

对于一个价格驱动的电信供应商而言，当竞争对手推出了新的数据流量优惠计划时，需要立即响应，迅速调整并给出新的报价。如果竞争对手的新产品发布推迟时，品牌可以利用这个时机说"为什么要等待？"三星公司就这么干过。人们为了买到一个 iPhone 需要在苹果店排队等待很长时间，而且通常是徒劳的。苹果公司为此做了很多公关活动。于是，三星公司推出了一则广告，广告中苹果的客户在排队等待，一个人拿着一个很像 iPhone 的三星手机从旁边走过，而广告的文案是"你现在就可以拥有它"，取笑那些排队等着买苹果手机的人。

① 指 2013 年美国第一夫人米歇尔客串奥斯卡最佳影片奖颁奖嘉宾引发各界争议。——译者注

② 指 2014 年好莱坞影星乔治·克鲁尼举行婚礼。——译者注

对于几乎每一个品牌而言，一些关键“时刻”能提供独特的与顾客或潜在顾客沟通的机会，并试图让他们以某种形式参与进来。这是很多营销人员的梦想。直到最近，足够的详细数据、关于正在发生什么的即时信息（通过社交媒体）以及大规模分发这些个性化信息的技术这三个要素才成为可能。所有这些要素合在一起，为品牌在真正意义上与其受众建立联结、提高用户忠诚度和销售额带来了巨大的机会。

第二部分

动态广告的核心概念

PERSONALIZED
DIGITAL
ADVERTISING

第 10 章

数据、事件和规则

个性化广告的创意实际上是以下三件事的结合：关于个人偏好或所处环境的数据、处理这些数据并确定以什么信息和创意元素来展示给个人的规则和算法，以及为进一步优化规则和算法的参与度结果测量。

数据信号与事件

如今，我们有更多种类、更多数据源以及更多用于为消费者提供针对性和定制化创意及信息的事件“触发器”。

- **个人资料数据**。个人资料数据包括关于用户的数据及其所属细分组的数据，如男性、女性、年龄组、购买习惯、收入、家庭指标等。
- **CRM 数据**。CRM 数据（即客户关系管理数据）是指用户直接与客户关系管理软件系统或数据库进行互动时（如购买或注册产品），品牌通常记录和存储在其中的数据。
- **环境数据**。可以实时确定用户所处的环境，并用于提供定制信息的数据。例如当地的天气、气温、地理位置、一天当中的某个时刻或星期（如“感谢老天总算到星期五了，回家喝杯酒吧”）。

- **实时事件。**当时正在发生的其他事件——体育赛事（如超级碗赛、美国公开赛、世界杯足球赛）或娱乐活动（如格莱美、奥斯卡），都可能成为触发因素。
- **社交媒体数据。**指用户在社交媒体中的行为，以及可以被激发的风格样式或时尚趋势，如正在讨论的新闻和话题（如奥巴马总统穿着的套装、江南 style 现象）。
- **网站 / Cookie 数据。**消费者网站上的、基于产品重新定位目标人群的第一方 Cookie 能够成为触发因素。
- **搜索数据。**指在用户搜索项目或感兴趣的东西时所获得的数据。搜索数据可以是一个非常强大的个性化数据源，因为它暗示了用户兴趣，甚至有可能是用户的购买时间。
- **语境数据。**指关于广告在哪里被看到的数据（如在网站的哪一部分看到）。

个人资料数据

借助个人资料数据，多品牌营销人员可以确保在媒体购买中运用单个广告活动和媒体购买，有针对性地对特定细分受众群进行重点宣传。

例如，像梅赛德斯这样的汽车制造商可以使用个人资料数据向居住在高收入地区的母亲们展示一款高档 SUV 汽车——梅赛德斯 GL，同时向可能成为 CLA 买家的年轻男性展示入门级的 CLA 汽车。

个人资料数据还可以用来向不同受众群体推送汽车不同方面的信息。例如，男性可能会对车辆在山地的坚固性、发动机规格等信息有更好的回应，而女性可能会对储物空间、安全性等信息有更好的响应。这种“微消息”可以像数据本身一样精细。例如，宝马车主可能会收到“拥有一辆梅赛德斯如何比拥有一辆宝马花费更少”的消息，或者可能收到特殊升级包的优惠。而最近浏览了自动选车比较类网站或搜索折后价的、有购车意向的人或其他汽车爱好者，可能会获得特别优惠的相关信息。

另一个使用个人资料数据来进行定向信息传递的例子是提供程序包的有线电视公司。例如，一个宣传如足球、棒球、网球等不同运动包的广告活动可以根据人口统计信号动态地推送消息，以确定要在广告中传达的信息包。例如，西班牙裔和欧洲人群可能是推销足球包的最佳目标。

对消费者来说，这种微信息的传播比广泛的信息传播或甚至错误的信息传播更有价值。从媒体效率的角度来看，这种微信息的传播可以由媒体团队以程序化方式购买，并用于向细分受众提供非常精细的信息传递。

成本经济学通常很有效，因为通常情况下，目标媒体最终会在平均千人成本上增加高达 30% 到 40% 的费用，而个人数据的千人成本则不超过 5%，这能节约大量的媒介购买成本。因为目标媒体通常会在非常广泛的受众群体中销售，而不是像个人数据售卖那样拥有很细的颗粒度，所以从净效果来看，后者能在广泛的受众群中传达微消息，从而实现受众更多地参与。

客户关系管理数据

与客户有直接关系的品牌可以获得更多的个人资料数据，对于那些直接在网站和 / 或品牌零售店提供产品的品牌来说更是如此。这种情况下的数据会更丰富、更详细，它包括购买历史、忠诚度、平均购买金额，甚至是人口统计和财富结构。当然，像 Zappos、eBay，drugstore.com、亚马逊等只专注网络的零售商，会拥有大量的客户关系管理数据。

客户关系管理数据的挑战通常是，在大多数组织当中，由于很多技术问题和政治问题，将客户关系管理数据与广告相结合是非常具有挑战性的。例如，这种个人资料数据通常属于运营团队，由公司 IT 部门管理。对于营销团队来说，获取数据通常是一个漫长而艰难的过程。许多公司也考虑到了在个性化广告中使用这些数据的隐私问题，对此它们会很谨慎，显然不希望被认为从与客户的信任关系中获利。

客户关系管理数据的使用方式也会因行业而异。例如，亚马逊和生鲜直达（FreshDirect）已经使用了根据客户偏好进行个性化的横幅广告。这种做法很合理，因为如果你是在进行无麸质饮食，那对于生鲜直达来说，在提供给你的广告中展示无麸质产品是有效的。另一方面，像嘉信理财（Charles Schwab）这样的品牌则需要小心，因为个性化广告可能会揭示客户所拥有的投资产品或客户的净值，而这些个性化信息如果是在客户上班时间推送给他的，那他可能不希望同事们知道。更极端的例子是，drugstore.com 网站会显示精神病药物的广告，而人们可能不知道你有精神问题。

尽管可能存在问题，但是在广告中使用客户关系管理数据的情况正在快速增多。大多数营销团队已经建立了大型的大数据项目，主要围绕使用它们已有的数据来更好地定位和制作个性化广告。

客户关系管理数据使用量的增加也与消费者对隐私态度的转变有关。人们似乎越来越清楚如何权衡个人化的价值与数据对隐私的影响。

最后，客户关系管理数据是否应该用于广告当中将是每个品牌必须做出的选择。当公司选择使用它时，应该带有良好的判断来使用这种数据。

环境数据

使用地理位置数据可以通过为本地受众群体定制广告来进行非常有效的互

动。例如，过去汽车公司必须经历“分配合作营销资金”和“管理创意完整性”的烦琐过程，以使广告为每个当地市场动态地显示定制化信息。

例如，广告可以显示本地经销商的姓名、电话号码和其他细节，以及经销商的汽车库存和定价。

随着移动设备的大量运用，地理位置对广告效果的强化作用更为突出。一个显示本地信息的广告，比一个使用通用品牌信息的广告更有可能让用户访问经销商。

地理数据还可用于定制融合本地元素的品牌广告。例如，海滨居民可以看到具有海滩形象的汽车广告，而山地居民则可以看到与山有关的图像。

将天气数据与地理数据结合使用，也是定制化广告及其消息传播的有效方法。例如，威士忌酒品牌——杰克·丹尼斯（Jack Daniels）最近举办了一场活动，活动中的多个创意展示了各种杰克·丹尼斯的饮料和鸡尾酒，而广告的画面则显示了当地不同的天气情况。与用户环境相关的广告和广告活动，在用户与广告相联结方面会非常有效。

一些品牌（如银行品牌）会在广告中使用各种种族人才的形象。如果使用地理信息对这些广告进行编程，这些广告会变得更有效。例如，可以在美国南部地区更多地展现西班牙人才，而在旧金山展现亚洲人才，在大都市展现人才的多元化转变。

实时事件

将营销信息与 Facebook、Twitter、Vine、Snapchat、Instagram 和其他社交媒体上实时发生的事件相关联的想法，因允许品牌直接向消费者发送消息而得到进一步的发展。

对于使用展示广告的品牌，同类型的实时消息传递或事件驱动的消息传递也可以纳入展示广告的活动中。现在，展示广告的创意素材可以随着事件的发生而实时动态地变化。

体育赛事、大型娱乐活动，甚至全国新闻都可以用来动态地自定义广告体验。

例如，在旧金山湾区，那里有很多49人队[①]和巨人队[②]的球迷，在比赛之前，广告上的信息会改成"加油49人：星期一[③]好运"或"胡子恐惧[④]"。

一般来说，有两种基于事件的动态广告。第一种是预编程广告，它适合于提前知道和安排的事件，例如足球比赛或格莱美颁奖典礼。这类事件在广告活动中易于管理，因为可以提前确定和批准要展示的创意和文案。而且这类事件可以被编程进动态广告平台中，一旦广告活动开始，广告创意就将为响应时间表设置而改变。

第二种是基于事件的动态广告。以事件为基础的动态广告主要被集中用于社交媒体领域，尤其是在Twitter上。因为Twitter的实时信息传递本质上很适合实时"赞助推文[⑤]"的想法，或者很适合其他类型的利用用户相关数据定制消息传递给用户的思路。

---

① 49人队是一支美国橄榄球联盟的球队，主场位于旧金山。——译者注

② 巨人队是一支美国职业棒球联盟的球队，主场位于旧金山。——译者注

③ 星期一是美国职业橄榄球的比赛日之一。——译者注

④ 胡子恐惧（Fear the beard）来自美国棒球队巨人队的当家球星威尔森（Brian Wilson），一脸卷曲而杂乱的胡子是他个人的标志，而球迷们也会带上假胡子或打出"胡子恐惧"的标语来为他加油。——译者注

⑤ 赞助推文（sponsored tweets）是一个搜索广告计划，可让企业品牌的信息进入使用者的Twitter串中。——译者注

当然，Twitter、Facebook 和其他社交媒体平台面临的主要挑战是，如果它们不想打扰用户，那么它能够提供的广告格式就非常有限。一些大品牌所喜欢的大型、丰富的叙事形式很难在社交媒体平台上实现。这是动态广告创意迅速从社交媒体转移到主流展示广告的最大原因之一。

优势麦肯（Universal McCann）广告代理公司发起了一项名为“时刻营销”的计划。时刻营销背后的理念是使用特定时刻发生的事件和数据来为每个用户定制广告创意和信息（如图 10–1 所示），将它与程序化媒体配合使用，可以创造出一种可扩展的方式，用有针对性的信息来吸引用户。

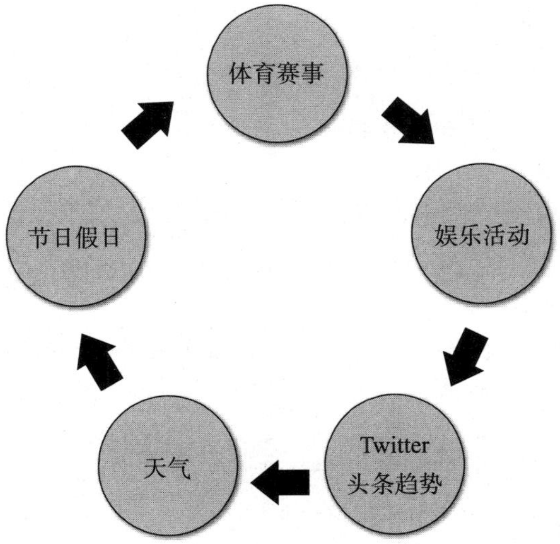

图 10–1　时刻营销活动中的标志性数据示例

社交媒体数据

社交媒体数据揭示了许多有关个人兴趣的信息，也为个性化广告提供了非常丰富的数据来源。当我们在社交媒体平台做广告的时候，这些数据在某种程度上已经准备好了。社交媒体平台内的广告可以进行各种目标细分，广告主可以更精确地定向其消息推送。

社交媒体平台通常为广告商提供兴趣（如体育迷）、人口统计（如单身男性）以及粉丝的朋友（他 / 她可能具有类似兴趣）等选择。

在社交媒体平台之外，还存在着各种各样的方法和技术，利用这种数据来做个性化广告。许多已经获得用户允许的社交媒体应用，能够获得与用户有关的信息（这取决于用户开放应用程序的权限）。例如，显示你旅行地的应用程序可以使用该数据来完成个性化广告。品牌的粉丝或拥护者也可以通过在他们的社交媒体新闻源中发布消息而被这些品牌定位到。

社交媒体平台有可能也开始在它们的受众网络上提供此类数据。在那里，它们基本上允许广告客户在其他网络媒体和移动应用上使用其数据，以便更加精准地为这些用户提供定向和个性化广告。

某些供应商和媒体网络已经开始基于所谓的社交信号提供定向广告服务了。但目前尚不清楚这些信号在一个品牌的目标受众群体中的覆盖范围和准确度。

另一种社交媒体数据对广告客户了解其受众的想法也很有帮助，那就是利用社交媒体趋势。大多数社交媒体平台都会发布每日或实时趋势话题。这普遍反映了社交媒体上讨论最多的是什么，反映出品牌可以利用哪些内容来制造更多的相关性，或是进行时刻营销。这种方法的最大好处是可以免费获得数据，并且可以获得地区的、基于本地的更精准的信息。例如，如果在同一天碰巧有一场比赛的话，大多数旧金山民众都可能会在比赛日想到 49 人队的比赛，而在波士顿的人们可能会想到的是红袜队[①]的一场比赛。

① 红袜队是一支美国职业棒球联盟的球队，主场位于波士顿。——译者注

网站 /Cookie 数据

当用户浏览网站时，他们会以一种本能的方式间接地显示出他们的偏爱和喜好。例如，访问名车志网站的用户会选择那种他可能想购买的汽车。在某些情况下，网站上的消费内容与购买意向并非直接相关。例如，很少有人在阅读了关于最新款法拉利的评论后购买此车。尽管如此，网站数据还是可以提供一个非常重要的关于消费者兴趣、意图的洞察。

一些创业公司最近为网站引入了个性化软件。其想法是，与其成为一码通吃的静态网站，倒不如基于消费者兴趣学习的连续过程，为用户动态地配置站点账户。

使用网站数据来个性化网站内容的想法可能随着网站建立就已经存在了。在互联网热潮中，个性化在电子商务网站上风靡一时。亚马逊凭借其所使用的推荐技术，理所当然地成了个性化中的王者。

电子商务网站会不断记录你在网站上浏览的产品，然后使用网站上大量的消费者数据，使你浏览的内容与你可能感兴趣的内容建立关联。预测的种类和相关联的种类可以从非常简单直接的模式到非常复杂、智能的模式，所有这些都是使用你自愿提供的数据。下面是一些公司基于浏览模式假设的例子：

- 购买打印机的人在三个月内可能需要墨盒；
- 购买尿布的人可能会购买鸭嘴杯、小毛巾和婴儿服装；
- 购买昂贵相机的人也可能会购买平板电脑和其他昂贵的小配件；
- 预订机票到温暖的地方的人可能会购买泳装。

当这样的推荐技术首次出现时，它们主要集中在定位网站内的消费者，鼓励人们在网站上购买更多的东西。而如今这些技术正迅速扩展到网站之外，可在消费者离开该网站后，还能向他们提供基于兴趣与意图的高度个性化广告。

这里用一个示例来展示这些技术是如何运作的。假设一位用户在汽车网站上浏览汽车，她基本上对汽车型号、价格范围、二手车还是新车、颜色、特征等都表现出兴趣。这些数据可能被记录在置于用户计算机上的 Cookie 中。这时某个品牌的广告活动可以通过动态配置来读取 Cookie 中的信息，并根据用户浏览的汽车型号、价格和颜色来对广告进行个性化设置。

这种类型的个性化几乎可以用于任何具有此类用户偏好和兴趣的品牌。这里需要重点关注的是，虽然这个概念源于电子商务网站，但它可以扩展到任何消费产品，甚至 B2B 网站上。例如，任何在思科网站上查看思科产品的人，都可以被通过展示其感兴趣产品的广告重新定位。

通过许多电子商务网站，可以获取商品目录信息流数据，这一理念可以延伸到为用户定制所有的商品子目录，并可能与天气数据或者其他数据相结合。

搜索数据

搜索数据是最难获得的数据类型。自从谷歌切换到了安全搜索模式（隐藏了引用来源网址的搜索字词）后，就无法使用搜索词使网站广告个性化了。然而，一些数据提供商（如 DMP）可以提供用于定制广告的聚合搜索数据（例如使用特定网站搜索）。一些特定的发布商也能提供搜索结果数据的接入，用于发布个性化广告。

搜索数据非常个人化，应谨慎使用。因为它可以直接揭示一些人们可能不希望被别人知道的内容。

语境数据

大多数媒体发布商的网站都有各种各样的分区，而这些分区可能有不同种类的语境。例如，许多新闻网站（如 CNN、USA Today）含有体育、金融、生活方式等分区。通常情况下，媒体购买是在整个网站上进行的，并在所有页面上运行。然而，也可以基于运行它的分区或语境来对广告进行动态个性化。例如，酒类品牌的信息传递可能与体育板块以及金融板块行情的衔接更为紧密；此类信息适合出现在股市大涨的欢庆日子里，也适合出现在股市大跌、埋葬悲伤的日子里。

这种语境驱动的个性化广告可以非常有效地为发布商网站特定分区访问者的受众资料创建定制化信息，并且可以在单个广告和广告标签的词条下避免产生大量复杂的内容。

结合数据信号

数据驱动个性化的方法，其伟大之处在于通过智能地使用多个数据源，可以绘制出更全面的个人图像。

还记得我们之前那个汽车的例子吗？它涉及使用网站数据来定制广告体验。我们还可以将这些数据与数据管理平台（DMP）的配置文件数据相结合，提供具有性别特征的消息推送。比如说“周末乘载一家人去滑雪的完美 SUV”与“带孩子们去踢球的完美 SUV”。

更具说服力的例子是，服装零售商通过将产品兴趣数据与性别数据相结合，使用性别数据来定制广告，以显示与用户相关的服装。这一点特别有用且非常重要，尤其是当一个人根本没有访问该网站时更是如此。使用各种数据信号还有助于减小数据上的偏差，如一个数据源可能根本不具有关于个人的信息，而另一个数据源则具有对于个性化有用的信息。

结合各种数据信号来创建智能且个性化的广告，可以使广告商摆脱通常与“重新定位”和“使用个人资料数据”相关的污名。

数据的新形式

由于个人设备（如智能手机和平板电脑）的使用量正呈指数级增长，所收集到的用于个性化广告的数据也在迅速增加。单独一部智能手机或平板电脑就可在用户使用媒体和各种应用程序时为每个用户生成千兆字节的数据。

可穿戴设备（如 FitBit 和其他健身设备、智能手表）正在收集比智能手机和平板电脑更多的数据，它们收集的数据比智能手机和平板电脑收集的数据更加个人化。例如，健身设备知道你什么时候睡觉、什么时候醒来、你锻炼了多少、你走了多少步等（为了不被超越，新的 iPhone 已有自己的内置健康应用程序来收集这样的数据了）。

毫无疑问，所有这些数据都不是为了个性化广告而收集的，而是为了在应用或设备中提供功能。它为营销人员更好地了解用户提供了机会，确保他们以更智能的方式传递信息和建立产品感知。

有了更多的个人数据，营销人员必须在如何使用这些数据上非常小心。对于一个用户而言，在“作为一个有价值的人，观看由品牌提供的个性化内容”和“感觉品牌在滥用用户的信任和个人信息”之间只隔着一层纸。

一些零售商和连锁酒店正在尝试信标技术，这使得它们可以基于用户相关的数据，向客户的移动设备投放优惠券或广告。这只是个性化跨越设备边界的开始，并且可以成为个人位置、环境、语境和个人资料的组合。

信标本身只提供位置和品牌 / 产品的标识符。然而，由于信标接收器被嵌入到移动应用中，因此，可以基于用户正在浏览的零售商店所处的区域以及该应用可用的个人偏好数据，来分发对用户更加个性化的广告。例如，信标技术可能仅能识别出用户在塔吉特百货的电子渠道中，但是塔吉特百货或其他购物应用程序却能够弹出与用户可能几天前在塔吉特网站上浏览的搅拌器相关的报价的广告。

另一个更加令人信服的例子是，当用户位于零售商店里或附近时，每五分钟弹出的广告或报价可能对品牌会产生负面影响。事实上，早期的研究表明，不断用报价打扰用户的移动应用程序会明显损失其使用率，因为用户会关闭这个应用程序。

信标技术在跟踪转化（指可归因于在线广告的销售）方面展现出了很大的潜力，它在使用信标做重定向的形式方面也有很大的潜能。然而，目前支持信标的移动应用程序仍然没有提供对大多数品牌有效的规模化支持。随着越来越多的应用支持信标，这种情况势必会有所改变。

规则与匹配

为了确保正确地解释数据信号，以便确定传送特定消息的条件，规则和算法是必要的。

为了确定哪些消息传递或创意素材应该在广告中显示，通常有两种规则用于匹配数据信号，那就是直接索引（DI）规则和动态规则。

直接索引规则可用于计算或者查找，以便在“数据信号”和“为特定用户或用户组指定的素材”之间创建出映射。当有成千上万的用户资料要映射到素材时，直接索引是一个理想的手段。例如，零售商在 Cookie 中可能有的产品标识符将直接映射到特定产品上，如耐克公司的登月系列跑步鞋。通过使用直接索引规则，匹配会变得非常简单：在“数据信号 / 用户或分区标识符”与“传递的消息素材”之间的匹配会是简单而直接的。

更加复杂的匹配，通常会被称作动态规则，它需要以下任何一种理由。

- 可能需要建立一个范围。如果数据信号是温度，则可能需要确定一个温度范围来定义“热”这种天气情况（例如 21℃至 32℃之间的温度或高于 21℃的温度）。
- 数据信号可能与其他数据信号组合，例如天气数据与性别数据组合（例如，如果天气寒冷并且用户是男性，会显示特定的男式夹克；如果用户是女性，则会显示女式外套）。
- 在选择数据信号的特定值之前，需要使用某些规则来缩小选择范围（例如，在选择某城市可能举办的体育赛事之前，缩小城市范围可能是很重要的，所以消息可以是“西雅图，是时候带一杯冰镇百威啤酒去观看海鹰队的比赛了”）。

另外，应始终设置一个“默认值”，因为可能会有满足不了特殊广告的规则和条件。

选择用于匹配的规则需要考虑匹配的结果。过于狭窄的规则可能会导致非常少的“命中”，而过于宽泛的规则可能会因动态消息推送而没有明显的影响。多个规则的组合也可能会无意地迅速缩小选择范围。例如，测试特定温度（而不是温度范围）和检测城市（而不是邮政编码）是可能导致默认值高频率出现的常见问题。这个默认值是当没有匹配项时将会推送的创意信息。

另外，规则还需要支持各种谓词，如相等、不相等、小于、大于和不等于等。它们还应允许嵌套规则。一些规则可能需要非常复杂的“如果 / 那么 / 此外”逻辑，如果没有嵌套功能，那这将很难实现。

规则串联可以确保你能够在有限的条件下提高命中率，同时允许某些类型的目标消息在不满足有限条件时仍可以推送。例如，对于广告来说，虽然推送关于棒球比赛结果的消息非常迫切（因为结果仅在比赛结束之后发生），但有一些以较低优先级运行的更宽泛的条件（如天气）可以确保有一条退路，而默认值只是作为最后的手段。

为规则设置权重也是可取的。权重可以使规则得到测试，以确保哪种广告素材消息组合能带来最大化的用户参与度或转化次数。

规则的自动优先化和规则的相关权重通常被称为规则优化，基于对活动结果的分析，各种算法都已被开发出来了，并被用来改变规则优先级。

第 11 章

程序化平台在个性化广告中的作用

是先有程序化媒体购买，后推动了动态和个性化广告的发展，还是这二者是同时出现的，目前尚不清楚。不过由于以下几个原因，前者似乎更有可能。

程序化媒体购买平台为媒体购买带来了规模和效率。品牌采用程序化平台，是因为这些平台带来的成本和过程效率。传统的媒体购买过程涉及电子表格、能说会道的媒体销售人员、存量可疑的广告网络以及反复无止境的议价过程。尽管我在这里使用了“传统”一词，但并不是说不再用这些媒体了。它们当然还在被使用，但我认为，在未来几年，当程序化购买变得更加普遍并成为最广泛接受的媒体购买方式时，这些将都会被称为传统模式。

虽然媒体购买流程已通过程序化购买方式得到大规模推广，但广告创意素材和广告制作流程仍在以旧的方式进行：它高度依靠人工并且耗时，而且还会减慢程序化媒体购买的整个过程。除了所有这些，程序化购买还意味着广告创意素材必须受到限制，因为当今的程序化购买主要针对基本尺寸大小的横幅广告和其他基础的广告格式。因此，虽然传统媒体购买允许使用“高影响力”的创意素材，但我们现在必须努力在横幅广告上实现同样的影响。

使用动态和个性化的广告创意素材是一种提高相关性进而提高参与度的新颖方式。当广告被个性化时，由于品牌仅有程序化媒体购买的灵活性和成本效益，却没有大型高影响力的格式可以使用，所以即使是基本的创意素材对品牌来说也会变得更加困难。

发布商发现通过程序化以最高竞价的方式卖掉所有的媒体库存，比只卖出 50% ~ 60% 要好。它们已经意识到，由于销售的高成本和通过程序化媒体购买平台更低的 CPM 收益，标准广告库存的直接销售模式将不可持续。因此，它们努力提供少量的更高影响的单元，这些单元通常作为赞助包和高 CPM 网站包而被出售。

这有效地将市场分为“追求规模和价格效率的高度自动化程序化购买”和“定制广告”两种形式。对于那些负担得起费用的品牌而言，定制的、高影响力的执行措施可以作为优质网站上的赞助包来使用。二者之间几乎没有中间态存在。

虽然程序化广告的推动为媒体购买带来了巨大的规模化，但是它也带来了一个副作用：又将行业拉回到我们几乎要摆脱了的基础小横幅广告上。这也导致我们重返行业最早期的一个信条，即以最低的成本获得最高的触达，不关注相关性和参与度。

当品牌利用个性化广告时，许多品牌开始更多地将展示广告视为出版模式，而不是活动模式。换句话说，它们不是根据连续的广告活动周期来考虑，而是针对程序化平台上的常青媒体（evergreen media）来考虑。在那里，它们可以向受众传达特定的消息，针对受众需求进行特别的定制。

假设一个品牌每月有一定的预算用于潜在顾客的开发，那它可以启动连续的活动，在每个活动周期，所有的工作都在重新启动和完成。另一方面，常青媒体和个性化广告技术使得品牌可以避免因创意素材更新带来的巨大开销，继续使用动态广告技术来变换创意元素、变更消息以及优化创意素材和消息，以从程序化媒体购买中获得最佳结果。这种模式看起来有点像社交媒体出版模式，即品牌不断地发布它们希望受众听到的故事和信息。

进行这类风格的活动还可以使品牌产生即时消息，就好像它们已经在市场上进行了广告活动，所以只需简单改变广告中的信息，而不用调整整个活动计划和启动的周期。借助动态广告投放技术，无须重新创建广告，也无须重置广告活动设置，即可实现对广告素材的不断更改。当然，当广告活动在运行时，品牌也可以仅动态地改变与报价相关的广告的组件。

这种改变对如何开展广告活动有一个奇怪的副作用，那就是媒体购买方式的变化。使用程序化购买平台，品牌现在可以执行年度购买，这对它们在议价方面有利，并给予它们在同一媒体上发布消息和创意变化的灵活性。

这可以追溯到早期的媒体模式，品牌可以像如今购买电视媒体那样，在一整年中使用媒体。动态广告技术让这种前期的媒体购买能在一年中用于各种活动、特别优惠、新产品发布等，而不必每次都经历整个过程。

程序化媒体购买中的一个新兴模式是使用外部数据信号触发媒体购买。它可以证明使用数据能够带来更高的媒体效率。例如，过敏药物的广告可以通过程序化投标定价之类的方式来设置，但是仅仅是在花粉计数高或空气质量低时才被激活和运行。其他例子还有，当飓风或暴风雨警告被激活时，会激活应急用品相关的广告活动；当温度下降时，会激活热饮的广告活动。

程序化媒体购买对广告行业产生了深远的影响，并呈现出极大的价值和规模效率。但是，它也许在品牌与受众的互动性和相关性方面会有所牺牲。个性化广告不仅可以帮助品牌在提高相关性的同时保持规模和价格的效率，还可以让品牌将更多的时间花在消息传递和交流上，而在试图找到那个令人震惊的神奇创意概念上花费更少的时间。

第 12 章

广告格式

通过现代广告投放平台，个性化广告几乎可以以任何广告格式进行投放。但是各种广告格式之间的技术和限制会有所不同。

如今，广告格式大致分为横幅广告、视频广告和移动广告。原生广告是一种广泛使用的新兴格式，但是原生广告的标准和定义仍处于起步阶段。在接下来的部分，我们将讨论刚才提到的三种类别的广告。

横幅 / 富媒体个性化

横幅和横幅内的富媒体格式是个性化广告格式中最受欢迎的。它们的优点是能在大多数网站上使用。此外，由于通过程序化购买平台，所支持的广告标准不是很高，因此广告仅开发一次便可以在任何地方运行。

使用展示横幅广告进行个性化的新挑战之一就是使用平板电脑和其他移动设备的人数。虽然横幅广告通常不被认为与移动广告有关，但事实上，超过

30% 至 40% 的横幅广告最终都会在移动设备上呈现。原因是大多数发布商不管用户使用什么设备，都会通过单一网站向用户提供内容。如果内容正在传送到所有设备上，那么广告也是如此。

将广告呈现在移动设备上会产生一个相当重要的问题：大多数用于开发个性化广告（特别是较旧的 DCO① 类型）的技术，使用的是以 Flash 技术构建其个性化功能的广告投放平台。我们都知道，Flash 不能在移动设备上工作，这就意味着多达 30% 至 40% 的广告无法在所投放的设备上被正确呈现。

现代动态和个性化广告平台通过使用 HTML5 来呈现动态广告，并且将后端的处理规则和触发器做了大量的设置和处理，与广告被投放到哪种设备上无关。

这个问题在很大程度上由下一代广告投放平台解决，展示横幅是投放个性化广告的绝佳方式。

视频广告个性化

将视频广告个性化是投放定向广告的好方法，它使用的是在品牌广告主中最受欢迎的广告格式，因为它非常类似于电视广告。

由于一种名为 VPAID（video player-ad interface definition）的 IAB 标准出现，使得个性化视频广告变得更加简单，VPAID 方法可以让视频广告被定制成带有各种互动功能和信息叠加的形式。品牌可以真正地为特定用户定制广告体验。

这种个性化视频的方法是最具扩展性的，因为它不需要多个视频，只需要

① DCO，即 Digital Control Oscillation，是数字振荡器的意思。——译者注

在单个视频中叠加自定义的信息即可。

另一种方法是真的去制作与个性化版本一样多的视频文件版本，市场中的一些工具允许这种个性化方法。但是，当创意变体的数量达到数百或数千时——这种情况很常见，管理的过程就会变得非常困难，这个过程也不是真正动态的。例如，以有创意的方式在视频中显示当前的天气。这不能使用多版本方法，因为仅为了显示所有的温度值，就会增加 30 或 40 个视频。如果涉及其他变量（如位置），那么变量就可以很快变成数百或数千。因此，采用覆盖的方法，你只需一个视频文件，并可以用一个温度的展示来进行覆盖。

创建多版本的视频也存在一个明显的缺点：即使是广告创意或信息中最细微的变化，也可能会触发大量工作。因为每个视频文件都不得不重新转换并上传到广告投放系统中。利用 VPAID 方法，它能够将覆盖置于视频上，这种改变可以非常简单地实现，甚至都不需要去碰那些视频文件。

移动广告个性化

个性化移动广告非常类似于个性化 PC 端的广告，它也面临着类似的挑战。

个性化移动广告在展示格式上相对于 PC 端的广告来说，具有明显的优势。由于移动设备的小型化，它们通常具有良好的可视性。

然而，巨大的障碍之一是在移动设备上捕捉 Cookie 的挑战。正如本书的其他部分所讨论的，已经出现的几种机制正帮助广告客户解决这个问题，因此，这不太可能成为未来的一个重大挑战。

对于移动广告格式来说，由于其带宽往往比 PC 端低，因此在创意 / 制作的过程中，需要额外注意个别动态元素的文件大小和广告本身总文件的大小。

第 13 章

策划数据驱动型动态广告活动

根据合理的数据信号和创意变量等因素来策划一个个性化定制的广告活动，听起来就让人生畏。然而，为将要开展的广告活动策划确立流程，可以为团队里的每一个人节省大量的时间和精力。

对于开展一个个性化的广告活动而言，一个关键的挑战就是制订创意计划。处理好流程可以使广告活动中的每一步都能尽快连贯起来，并准时开展。反之，这场广告活动将似乎永远都无法完成。

本章将会介绍成功策划一个个性化广告活动所需要的关键步骤。

识别关键的数据信号

品牌团队要找出可利用的数据信号，并在其中识别出与品牌相关的部分。在此过程中，我们需要找出品牌的消费者和数据信号间可能存在的相互关系。这时我们就要问一句："数据信号的价值、其存在或缺失，是否会影响品牌关联或品牌的购买？”我们来看一些案例。

表 13-1 中的品牌和信号清晰地表现出了哪些数据信号可能同品牌存在相关性。

表 13-1　　与品牌相关的数据信号

	天气	个人档案	体育	娱乐	地理	社交
奥迪	✓	✓	✓	✓		✓
立普妥[①]		✓	✓	✓	✓	
欧莱雅	✓	✓		✓	✓	✓
富国银行		✓			✓	✓
星巴克	✓					✓

表 13-1 对这些品牌来讲，只是一个指引，而非一个明确且必然使用的规则。当然，这些品牌和信号是否对应一致，还要取决于具体需要做广告的产品和广告活动的整体策略。

识别出数据信号中的具体变量和细小因素

在找到了关键的数据信号后，接下来就要识别出这些信息是如何细碎地藏在数据中的。例如，将天气视为一个信号的话，这个品牌会受到气温、降水量（如是不是下雪天气）的影响吗？还是仅仅会受到大致的天气条件的影响？

类似地，以体育事件为例，一个品牌可能与某一特定的体育事件有更为密切的关系。例如，奢侈品品牌与高尔夫球和网球有更高的密切度；而更多的主

① 立普妥（通用名为阿托伐他汀钙片）是由辉瑞公司研发的降脂药。——译者注

流品牌则会着眼于更受大众欢迎的足球和棒球。性别也可能是一种起作用的变量，例如，欧莱雅更有可能选择女性运动。

识别出触发条件

接下来的一步就是，找出数据信号中具体的能够触发特定的创意或信息的触发条件。在理想状态下，这一步应该在上文所提到的前两步之后完成。可以通过创建一个无所不包的数据信息列表，并将其同变量相关联来完成这一步，如表 13-2 所示 。

表 13-2　　触发特定创意或信息的触发条件

数据信号	触发条件	信息	形象
天气、城市	天气：下雨 城市：西雅图	嗨，西雅图，大雨瓢泼。该去健身房了	活跃的健身房场景、跑步机、耐克慢跑鞋
天气、城市	天气：寒冷 城市：西雅图	嗨，西雅图，冻死了！要暖和，就一起来运动吧	动态的画面：蜷缩着的人和穿着耐克慢跑鞋在跑步机上的人
天气、城市	天气：炎热 城市：西雅图	嗨，西雅图，今天是我们的“年度”晴天	高尔夫球场、打高尔夫的人穿着耐克高尔夫球鞋
天气、城市	天气：温暖 城市：西雅图	嗨，西雅图，拉开窗帘，是晴天	动态的日出景象、打网球的场景、耐克网球鞋
天气、城市	缺失	嗨，是今天吗	高尔夫球场、打高尔夫的人穿着耐克高尔夫球鞋

一家有创意的广告公司会制作出像表 13-2 这样的表格。在创建这个表格后，可能使每个触发条件都发挥作用。这是很重要的一步，因为从全局来看，在未定义活动之前，选择使用哪些触发条件并用它们产生怎样的作用，是让人感到混乱和迷惑的。

在没有迎合任何上述规则的默认条件下，创造出创意性的信息就变得非常重要了。例如，在上面的例子里，广告中的视角在西雅图外，或没有提供天气条件的情况中，你就需要创造出信息。

创造触发性条件也需要经过深思熟虑，因为若是触发条件限定的范围太小，那在传递个性化创意时，可能给消费者留下的印象就寥寥无几了。例如，在上述的条件中，你可能想具体限定在西雅图的郊区或某个特定区域而非笼统地使用一个城市名。这也是一种折中的办法，因为贝尔维尤区的居民可能并不希望自己隶属于西雅图。① 幸运的是，从产品的视角来看，在广告中信息的传递很容易，你可以简单地使用一座城市的名字就能表达出地理位置，而不需要用成百上千的文字图像来构建。

这个触发点分析有时也很微妙。我的公司最近在策划一场广告活动。这个活动的目标形象和几个邮政区号有关。然而，相较于全美共计 43 191 个邮政区号而言，我们可用的邮政数据库和与此相关的邮政区号仅提供了 2500 个入口。所以，按照基本的数学原理，将有很多广告是以默认状态被投放的。因此，我们最终算出了一个临近的计算值，提供了一个更广的范围来确保低比例的默认广告。

在每次广告活动中都能精准计算缺省值的可能性并不大，因为这有时取决于媒体的分布和人口统计数据。换句话说，如果媒体从反方向错误地判断了一个个性化广告的目标受众，那就会造成更高的缺失率。

这里有两种避免发生这类问题的技巧。

---

① 贝尔维尤是西雅图的新城富人区，与西雅图隔华盛顿湖相望。该区域经济发达，高科技产业发展迅猛，是许多新贵和投资者喜爱的地方。——译者注

- **为个性化匹配较广泛的目标。**例如，如果某种女性美妆产品的广告以几种不同的个性化方式表现，且未考虑男性，那么从统计学的角度来看，至少有 50% 的广告将被忽略。在这种情况下，将广告投放在主要以女性为目标受众的媒体上就能较大程度地减小缺失率。
- **有一个恒定正确的数据信号和触发条件（例如天气）。**如果某个广告活动是以当地的体育事件个性化定制的，那么在没有体育事件的时候会怎么办？但每天都会有天气，所以天气就是一个可以将个性化囊括在内的数据信号，而不是发布一个默认广告。

发布默认创意也不是完全不好。它常常可以作为对比个性化广告和非个性化默认创意的标准，以体现通过发布个性化广告可以提升品牌。

设想、定义创意蓝图和可变因素

这个时候，创意团队介入并开始设想可以传递出个性化创意和信息的蓝图。这通常包括要确定广告中哪些部分将会保持不变，而哪些部分将会根据用户来进行个性化定制。在最简单的情况下，广告中唯一需要改变的是一些广告词。然而，创意团队同样需要考虑界定广告中其他可变的元素，比如皮肤对天气的反应，体育事件中球队队员的肤色，或者能够体现广告投放地区的人们的皮肤特征。

这是一个不错的平衡，因为加入更多可变的创意元素，意味着构建出更大的矩阵，方案得到认可也就需要花费更久的时间。然而，另一种极端就是广告不够有趣因而无法获得注意。事实上，消费者可能甚至不会意识到广告是动态可变且为他们个性定制的。

在此层面上，有一个决断是非下不可的，那就是对于基本蓝图和广告的所有变量的价值是否认可，或者品牌团队是否对所有已经完成的广告认可。如果变量的数量变得更大的话，接下来的步骤将会更具挑战性。例如，在一个囊括了为期六个月的体育事件中，所有信息的广告活动可能要经过数百次审核才能通过，尤其是当它还要和另一个数据信号（例如天气）结合起来的时候。

而另一个需要决定的就是默认广告应该是什么样的。默认广告就是那个没有任何规定条件可循时发布的动态广告的版本。

生产创意

创意产品是一个增加广告和信息变量的过程。如果前面的几步你都兢兢业业地跟进了，那么这一步就会顺畅得多，因为数据信号、触发条件和创意性信息都已经选定且被认可通过了。

如果广告是在一个并非为动态广告设计的技术平台上完成的，那么创意的生产就极具挑战性。这里的关键在于，这种状况下生成的创意产品和广告，每一个创意性变量都将会被创造成一个分离的广告，从而造成严重的问题并延迟生产，因为每个广告都必须被单独制作且要分别经过质检流程。

如果单个的广告都是为每种创意性变量而生成的，那么创意理念或素材的变化也会对广告作品产生明显的连锁反应。

对这个问题的解决方案就是，首先识别出在一个广告的各个变体中始终保持不变的组成部分。比如，产品外表、商标或是一些动画等。这些广告中不变的组成部分要和变化的部分（如信息、视频、地图定位等）分离开来。在创意设计过程中要将其视为关键的考虑因素，以避免大的延误。

较新的技术平台之所以能够在一条广告中传递成百上千的创意变量（详见

第 18 章），是因为它们拥有动态的内容管理系统。该系统可以存储所有的创意素材，并且能根据数据信号和触发性条件将它们融入广告内容中去。

在动态广告平台中，数据馈送和规则执行引擎是第二重要的。在老一代的广告平台中，规则需要通过手动输入，这就会在整个过程中容易造成失误，且更耗时。所以，问清楚技术公司触发性条件在平台中的规则就显得非常重要了。是通过一个用户界面还是手动输入？想要更改规则是否容易？

这个问题至关重要，因为当要开始优化广告活动时，改进手动输入规则和触发性条件就会变得非常混乱甚至无法实现。

识别出关键的需要测量的指标

在这个阶段，为了使广告活动成功进行并优化创意，识别出需要被测量的指标是一个不错的办法。这就要求建立一些配置和组织。在现代的动态广告平台中，测量过程是更动态化的，一个广告中的所有可变组成部分也是被自动识别和记录的。更早一点的广告平台要求有更广泛的广告代码标记工作，所以在广告活动启动之前就完成标记并检验是非常重要的。

测量以业绩为导向的动态广告活动的重要指标通常包括点击量、浏览量和转化率。另一方面，品牌活动则更倾向关注其他指标，例如参与时间、互动和视频观看量。

除非个性化广告具有高度的互动性，使用品牌提升研究才是最好的方式。通常情况下，用户通过相关信息看到一个广告，并对一个品牌留下印象，但用户可能并不会点开广告或与这条广告产生互动。品牌提升研究通常可以通过品牌回想来测量对品牌的影响。

测量可视性在个性化广告活动中也很关键，因为其效果在很大程度上依赖于用户看到广告并被其个性化的信息所吸引。如果一个广告活动的可视影响很低，那么个性化定制的影响就不容易显现出来。若创意没有足够的曝光，就无法显著提升用户的参与度。

我曾看到过同样是个性化广告，投放在高可视性的网络广告平台和一个可视性低的平台上所造成的用户参与度，可谓天差地别。

识别出优化准则

大多数个性化或动态广告活动都能从优化方案中获益良多。对于那些品牌导向型的广告活动，或许有多种创意概念和数据信号来丰富创意信息，所以知道哪些是最有效的就很有帮助。例如，如果一个广告活动的创意是基于天气信息，并同当地的体育事件联系起来，那么就很难分辨清楚究竟是哪种因素起到了更大的作用。

当代的动态广告平台可以基于一个优化指标来自动优化广告展示。举例来说，取决于该活动是一个品牌打造活动还是展示活动，最优化可以围绕互动率或转化率来进行。

如果使用自动优化，确保平台能够持续取样则非常重要。只有这样才能确保迅速地将某种确定的数据信号的参与程度的变化考虑在内。例如，如果以天气作为触发条件的创意，由于体育事件引起的效果更佳而被降级，那么只有当实际天气变得更极端的时候，用户才有可能对与天气相关的创意做出更大的反应。换句话说，常规的天气可能无法刺激用户的反应，所以对于平台系统而言重要的是，要通过取样来持续监测天气创意，以确保任何能使用户参与度骤增的因素，都能迅速地轮换到更高的优先等级。

为了更好地理解哪些方法对优化可能可用，请看第 14 章 中“个性化广告的优化”部分。

确定动态数据信号

某些动态数据信号是不能被预先决定或安排的，因为需要人为参与来为数据信号做出解释，并提出一些广告信息或创意元素。而这个流程要被预先确定以备品牌使用。例如，一个想要先看看 Twitter 上的热门趋势话题，并据此决定发布消息内容的品牌，就需要预先设定流程了。

这是一个时间敏感性信息，也就是说，如果要花费好几周的时间来发布一个趋势，可能在准备好发布的时候，它已经不再是“趋势”了，而且也不再确切和有趣了。

如果品牌想利用这类动态数据信号，就需要有一个像新闻编辑部那样的团队，这个团队能迅速地评估新闻和事件并据此决定发布什么消息，创作出符合需要的有价值的内容，然后通过动态广告平台更新这些消息。

除了常用的消费者兴趣相关性的事件（例如体育事件、娱乐事件）之外，这种模式还能用于处理竞价变化、产品通告等消息发布时效性强的情况。

预览广告并得到创意审核

预览和创意审核是发布个性化或动态广告时经常被提及的。通常来说，用于创作和发布广告的系统应能够展示所有可能性创意变体的预览模式，同时还可以过滤特定的诱因、规则和创意类型等，从而将创意范围缩小至一个具体形式以通过审批。

就其必要性和可行性而言，人们是否会认可每一个创意组合是品牌创意和媒体团队需要评估和探索的问题。那些可能有几千个创意变量的广告活动，需要试验哪个变量的效果最好，而不是通过每一种创意组合。

在一些垂直面上，品牌在投放市场之前审查和批准每一个创意变体是很有必要的。金融服务业和医药行业是两个品牌经常要求在投放之前进行创意审核的例子。这取决于过程有多严格。有时候，这一步可以在创意素材或模拟层面就能完成，但审核者经常要求在他们批准投放广告之前预览实时广告的实际版本。

进行最后的质检并投放

动态和个性化广告所要求达到质量保证的方法和传统的静态广告不同。质检的过程要复制动态数据信号、规则，而且广告是在一个测试的环境里提供的，以确保根据各个数据信号和规则相结合产生正确的创意变体。再重复一遍，当代的动态广告平台都有延展的功能，用于预览标签和页面以引出延展的测试，并确保所有信号、规则、广告和报告也能准确地按照所期望的那样运作。这些平台同样具有延展的功能，能在广告活动启动之前测试规则和信号，以便检修和发现问题。

第 14 章

个性化广告活动的测量、投资回报率以及优化

对于营销人员来说，对个性化广告案进行效果报告和监测是十分重要的。在动态创意优化发展的早期阶段，广告并非能够如此个性化，大量被收集起来的广告展示数据通常被用来判定哪种创意能取得最好的效果。

伴随着个性化广告的出现，一个广告的创意变体可以迅速使其变为成百上千个广告。在这种情况下，收集关于每一种已投放的创意变体的精细数据，以及了解是在哪个网站和布局节点上完成投放的就变得尤为重要。

在一个广告活动中，通常会使用各种各样的有计划的媒体策略（例如重定向），在此类情况下，记录下这些数据非常重要，有助于了解哪些策略会产生最优的结果。

动态广告和个性化广告活动中的投资回报率测量可以根据广告活动的目标来进行调整。一般来说，动态广告活动大体上可以划分为营销效果（或直接反

应）广告和品牌广告。大多数广告活动在一定程度上将二者进行了结合。对其效果的监测常被用于优化引流、转化抑或是强化与品牌之间的互动。

效果导向广告、直接响应广告或使用了动态或个性化内容的广告通常试图确定哪种内容或创意能够产生最好的效果。这里的效果测量常常包含以下的关键指标：

- **点入率**。用以测量用户通过点击广告进入网页的比率。
- **观看到达率**。用以测量用户看到广告，以及之后通过诸如搜索等其他方式到达广告主网站的比率。
- **转化率**。用以测量用户在看见或点击广告之后实际购买产品的比率。

我们需要注意的是，效果导向的动态广告活动不仅要测量以上这些指标，同时还要对其进行反馈，并分解到每个创意变量中，以使其更易于去优化一个广告活动，从而产生更优的效果。

对于更偏向于提高品牌认知度的营销活动，个性化广告能够非常有力地提高品牌认知度和顾客参与度。然而和许多品牌营销活动一样，测量个性化广告的影响效果也许是一件更为困难的事。长期以来，品牌提升调研被用于确定品牌营销活动带来的品牌提升，这仍是一种非常有效的测量个性化广告效果的方法。

进行一个标准创意广告和个性化创意广告的对比测试也很有意义。但在对比结果方面，需要提醒的一点是，对比需要在相同的媒体环境中进行。例如，如果将程序化平台中投放的个性化广告和在直接购买类媒体上投放的普通广告进行对比，可能会产生误导性的结果，因为程序化广告的投放常常与低质量的广告库存和低可视性的广告位相关联，甚至有时会出现欺诈行为，而这些都会影响对广告提升效果的测量标准。

和好的创意一样，一个个性化创意广告首先必须被用户看到，他们才能参与互动，虽然这是显而易见的，但还是需要再次强调。因此，广告的可视性相对而言比较高，以至于我们能够测量到在因使用了个性化广告而获得的参与度方面的任何显著提升。

必须指出的是，过多地沉迷于个性化广告可直接测量即时效果，会导致投资回报率（ROI）看上去较低，而实际上可能是因为它并不能被简单地测量。这与被用于构建忠诚度的个性化服务类似。当你进入一家酒店，如果酒店员工因他们的系统记录而记得你以及你上次旅行时的偏好，难道你不会对这家酒店更加忠诚吗？凭直觉我们也能清晰地知道个性化让顾客感觉到品牌是智能的，并且品牌在不断努力使他们获得舒适感，同时也显示出品牌真正在乎顾客的喜好和选择。个性化广告只是个性化服务、应用、网站以及众多渠道的一个延伸。我们每天都会从中产生这样的想法："品牌在乎我们的好恶，并会尽一切可能去考虑人们生命中广告所消耗的时间及其带来的无法避免的打扰。"

另一种看待个性化广告 ROI 的方式是参考媒体费用。这有点像商业传奇和市场营销天才约翰·沃纳梅克（John Wanamaker）说的："我知道花费在广告上的一半费用都是浪费的，问题在于我不知道是哪一半。"最引人争议的是，个性化广告确实能产生高效的 ROI，即使其无法被准确地计算，而这与媒介损耗以及那些推送给受众的与其不相关的广告有关。

让我们来看一个剃刀品牌的例子。当所有其他的剃刀品牌都按照型号和大小分类时，某个剃刀品牌则率先将剃刀分为男士专用和女士专用。投放未定位的男士专用剃刀的广告，意味着在媒体上投放的 50% 的广告都当即被浪费了。而且，如果一位女士看到了一个男士专用剃刀的广告，很可能会觉得很烦，并认为与自己毫不相干。现在，让我们更进一步。假设这个剃刀的型号是最便宜的一次性剃刀。在这个广告里，那些永远不会使用一次性剃刀的男士看到这个广告，同样也会觉得这个广告令人厌烦且与自己毫不相干。现在假设剩余的50%的男士看到了这个广告。那就是说，还有25%的观看者会觉得这个广告和自己相关；而这25%的受众中，或许有75%的美式足球迷，他们会对广告中的49人队的信息感兴趣；而剩余的男性受众是棒球迷，人们会觉得在广告中引用美式足球令人厌烦且与自己无关。我还可以继续往下分析，但我想你已经明白了我的意思。从媒介购买的ROI视角来看，如果剃刀的广告活动没有进行任何个性化处理，大概在媒体上投放的80%的广告将会被浪费，或者对预期的购买者产生了可以忽略不计的影响。

媒体行业对这一问题的解决办法是通过细分和定位将广告投放给受众。然而，定位受众的方式并没有将该品牌实际掌握的细分数据的优势发挥出来。另外，购买和使用媒体上所有的细分数据是不可能的，而且其成本和复杂程度会使得这一行为得不偿失。众所周知，在某个媒体上购买越多的目标受众，花费就会越大。想象一下，尽管购买了大量的高千人成本（CPMs）的细分目标，但只能触达少量受众，这听起来既费钱又不理智。此外，即使是程序化购买平台上的需求方平台（DSPs），大多数目标媒体购买也仅能提供第三方数据，而非充分利用品牌收集到的关于顾客的一手数据。

很多可以被用于为个人传递个性化广告的数据，是实际存在于品牌的许多商业活动中，而且并非为了用于广告活动而产生的。举例来说，过去的购买行为、购买产品的种类、在某个品牌官网的浏览行为以及消费者服务记录，都可以为制作个性化广告提供非常有价值的信息。然而，当广告活动仅基于最基础的受众定位（即现在大多数直投或程序化媒体上可用的定位）时，之前所提到的那些数据却都没有被品牌好好利用起来。

个性化广告基本上假设一个产品的受众是非常广泛且普遍的，并保证每个对偏好的细分都能被定向到，并且会向其推送相关的信息。个性化广告还能保证这样的活动可以大规模地执行。

个性化广告不仅依赖于媒体影响产品销售和广告 ROI 的能力，还要利用大量的数据来智能地推送消息并与品牌的受众进行互动。

最终，个性化广告将会对产品的销售产生积极、可测量的影响，这种影响必须持续得够久才能被反映出来。正如其他任何营销活动那样，决定广告活动最终成功的因素就是销售，只是在于何时和如何能看到其作用罢了。

个性化广告的成本管理

在关于投资回报率（ROI）的讨论中会被提及的话题之一就是，需要把技术、人员和过程所需要的费用考虑在内，以确保在本书中所描述的那些付出和活动获得积极的投资回报率。

我将投资分成以下三类：

- 一次性数据和内容基础架构的投资；
- 每个广告活动的费用；
- 不间断数据基础架构的维护费用。

数据基础架构投资可以是非常基础的，同时其范围也可能是从对某个品牌网站的跟踪标签（这基本上不需要花费什么）到非常稳固的数据管理设施（就像前面提到的剃刀例子一样，对大品牌来说，可以投入几十万美元甚至可能数百万美元）。一个递增模式的投资最好能够以收获投资回报率为目的，打造一个完整稳固的数据管理环境，用于支持各种个性化的广告活动。

数据管理基础架构还应该被看作回报周期长达数年的资本投资。IT 投资和会计观点也是如此，其回报会在数年内分期偿还，所以既不会对营销预算造成即时的影响，也不会严重到剥夺日常的营销预算和计划。

由于许多项目要求前期大量的资源投入和专业知识，所以对公司而言，使用外包的咨询公司或使用广告平台供应商的资源或许是最好的选择。而公司内部的广告部门除了保证公司业务正常运营的基础外，通常并不具备也不会被要求必须拥有此类资源。

数据基础架构也应该被视为所有营销活动的基础。不仅是展示广告，还有邮件营销、社交媒体营销等。而这些成本也都可以摊销到这些项目中去。

通常，持续不断的数据基础架构费用远低于初装费用。此外，内容基础架构可能存在很大差异，这主要取决于制作内容的数量和质量。如果将制作的内容仅用于特定活动，人员和其他资本的支出费用就很可能是不划算的，尤其是拥有一支随时待命的团队来服务于需要进行的少数几场活动。

一些认为内容营销具有战略意义并应不断制作内容的品牌，已在公司内部成立内容制作团队，这些团队能持续为其不断参与的各种营销活动制作内容。一个完备的功能内容团队不仅需要有创意策略师、内容设计师和内容开发者，还可能需要播控设备，以供视频、编辑软件、制作软件、计算机等使用。此外，大多数的此类投资都用于基础架构，其中一些可能是资本投资，该投资将随着时间而得以偿清和摊销。

活动的前期费用包括媒体费用，通常情况下，该费用所占的比例最大，紧随其后的是内容制作费用和广告服务费用。个性化广告所需的媒体费用与不含个性化的标准广告所用的媒体费用大致相同，这是因为所有个性化广告都是通过广告服务软件来完成的。

基于每场活动的广告制作和活动执行费用通常会比媒体费用少 5%。广告服务费的范围一般为媒体费用的 5% 到 10% 不等，并且有时还会包含广告制作和活动执行费用，尤其在大型活动或对广告服务平台供应商的大量采购中，这种情况更为普遍。如果购买用于活动的第三方数据，那活动费用的增加大约相当于媒体费用的 5%，这取决于所使用的数据类型及数据所用的供应商类型。广告服务平台有时会提供捆绑式价格，其中含有一部分作为广告服务费的数据。通过这种方式购买的数据的定价往往低于点菜式数据的费用。

有些品牌已经开始将一部分此类费用真正作为销售成本，而不是把市场营销部门视为一个花钱的成本中心。因此，那些创造了更佳的品牌参与、转化和销售的市场营销活动（如个性化广告），应被视为对销售的理想提升，而非不利影响。当然，在许多情况下，品牌所面临的挑战是，测量其效果并说明其与销量提升的关系。一般情况下，在线转化比较容易测量，而离线转化（比如，一位用户看到一则广告，然后走进一家零售店，并购买了广告中的商品）是很难测量的。

营销人员花费数百万美元做电视广告，但没什么有形的方式将其与销售直接捆绑。然而他们还是花了这笔钱，因为他们知道这会对销售产生积极的影响，即使这种影响不是直接的和在实际中可测量的。同样地，个性化广告需要从构建用户参与和品牌建设方面去考量，即使其无法与在线购买直接捆绑。用户的购买行为不再是线性过程，最终购买行为会受到许多因素的影响。

个性化广告的优化

个性化广告的优化常常被用作提升顾客参与度的额外方式。个性化广告的基本前提是，你通过选择前台用户的偏好，生成与之匹配的定制信息，来预先确定和预先优化结果。此外，应用优化技巧还有一些好处，尤其是在输入的数据信号自身并非十分准确，或可能甚至没有针对用户偏好，只有一些环境数据的情况下。

优化的基本形式聚焦于广告活动的首要目标，并标记为实现该目标最佳表现的创意变量。例如，如果目标为产生高点击率，个性化系统将自动选择该创意变量。

接下来即将描述的是一些选择创意和内容最佳表现组合的方法。当然，这取决于数据信号的种类、规则的复杂性以及用于最优化的有效数据的数量和类型。

A/B 测试

A/B 测试是确定什么样的创意或内容组合才能产生最佳结果的最简单的测试形式。A/B 测试包含创建信息或创意两个变量，并在一项单一活动中并行利用这两个变量，将这两个变量同时曝光给观看广告的用户，在两个方案中找到最佳版本，以使广告活动得到优化。

优化过程中所采用的基础 A/B 测试往往不会产生最佳结果，因为它们并没有将用户信息疲劳计算在内，而且最终并无法确定一个变量优于另一变量。基于优化算法的更为复杂的 A/B 测试常对这两个创意变量进行取样，以确保不断监测任一创意的任何表现变化，并将其纳入创意评估范围内。

当然，也有可能出现这种情况：在某个时间点的表现不是很好的创意变量，在其他时间则表现优异。例如，某个信息可能在周末比在工作日产生更好的效果。因此，不断测试和评估创意组合的能力对于广告活动效果是极为重要的。

多变量测试

多变量测试在本质上是 A/B 测试的扩展，被用于确定一则广告中的许多变量信息和哪些创意元素可能会产生最佳结果。

例如，一则广告可能具有一套不同的图像或动画，与不同的诉求相结合，如“特别优惠”“折扣价”“了解更多”等。多变量测试的核心思路是确定哪个图像、动画及诉求组合在用户中产生了最高的参与度。

尽管说它是 A/B 测试的扩展，但多变量测试确实引入了一套有待分析的极为复杂的指标、排列和组合，以确定哪个因素能产生更好的用户参与度。

最好的做法是多变量测试与多变量优化组合使用。这样做的好处是可以不用去试图分析庞大的数据，以理解哪种组合能够带来最佳效果。广告平台中的算法可以自动选择产生最佳结果的组合。

内置于动态广告服务平台的软件自然能够分析数百个甚至上千个此类变量，并能够选择一则广告中创意和信息的最佳组合。为实现这个目的，该软件要明白优化的对象是什么。例如，效果导向的活动常常想要进行优化以获得点击率，而品牌活动可能具有更广的范围来获得效果指标（如互动率、视频窗口、图库检视等）。一旦你选择了一项指标（或数个指标），而后软件便能够分析数据，以确定实现所选指标最佳结果的创意、信息的最佳组合。

为使 A/B 测试或多变量测试更有效，通常情况下需要更多的变量、更大的样本框。这在某种程度上是指数级别的问题。例如，相对于两个变量的广告活动而言，具有四个变量的广告活动所需的不是其两倍，而是 12 倍，这常被称为因数问题。其中，随着变量的增加，排列组合会令人望而却步，且如果样本框过小，可能会得出错误结论。

当将新变量引入处于执行中的广告活动中时，该问题可能会进一步加剧，因为新变量可能还未像现有变量一样被曝光给用户，从而使两者之间的数据比较可能存在错误。

人工智能 / 预测算法和机器学习

关于如何优化个性化和动态广告活动，还存在大量的改进空间。大多数动态广告活动仅具有少数变量（事实上，通常为一个或两个），因此，优化（无论是人为完成还是通过算法完成）都非常简单。

鉴于大数据在个性化广告中的作用越来越大，数据信号的数量、规则的复杂度及结果的绝对数目可呈现指数级增加。到了这个时候，除了事后，人为优化根本无法实现。这是一个颇具争论性的问题，即几乎没有机会来影响结果。算法优化有待实现，但即便实现，面对大量的数据输入和结果测量，能够处理线性关系和关联的简单线性回归算法可能也无法充分创造改进的结果。

面对如此众多的变量，你需要利用机器学习、人工智能和其他能够预测基于从输入的大数据集学习结果的非线性算法，这常被称为机器学习，即当相互之间具有极复杂关系的许多变量涉及确定结果时，考虑到各变量之间的关系可能过于复杂，以至于无法确定算法，学习数据以寻找公式，将比从试图一开始就先确定公式要更好、更简单。从本质上而言，与高中代数中呈现的“曲线拟合”法相比，这是一种确定公式更为先进的方法。

机器学习涉及很多技术，远不只本书所描述的内容，此处仅列举几种可应用到个性化广告中的技术，以便大家研究。

- **贝叶斯网络**。贝叶斯网络是一种以定向图形式代表相关变量的方式。可能性可被分配给图表中的各个节点，且可通过检测数据和数据点“学习”来预测结果。

- **决策树。** 决策树是决策如何影响结果的一种有用的视觉再现，并可被用于评估数据和规则，在涉及提供可能产生最佳效果的正确创意时，确定应采纳的路径。
- **关联规则学习。** 这是一种机器学习算法，适用于处理变量之间关系不够清晰并有待确定的非常大的数据集。例如，当一则广告中出现一位微笑的人的图像，并伴有特别优惠的提示时，零售商能够从中做出关联，从而使参与用户变得更多；或者，一个家庭图像能够促进对于某些类型产品的更高的参与度。

优化最好是循序渐进的，因为优化可能变得极为复杂，而且没有任何可度量的影响。有时，最直观显见的规则和优化可能比任何算法都更具有影响力。人类情感是购买和参与行为的核心所在，这在算法中是难以模拟的。在某种意义上，同时具有算法和技术的人类，可能确实具有最佳的结果。

开始做个性化广告时，最好不要过于集中在优化上，因为，毕竟与其他依靠算法来产生更佳结果的早期 DCO 学科不同，个性化广告的期望在于通过将数据作为输入使用，我们可能在用户偏好和营销信息之间产生任何方式的最佳匹配，在这个范围之外的优化需求可能不是很富成效的。

在数据驱动的个性化方法中，将这些机器学习技巧应用到数据中，并将这些结果用于广告的个性化不仅有可能，而且还往往是更为明智的选择。例如，通过分析原始销售数据，可对某些个人所购买的产品种类做出关联，而且反过来针对这些个人，该数据能够被用于个性化广告当中。

第三部分

用于个性化广告的技术

PERSONALIZED
DIGITAL
ADVERTISING

第 15 章 为发布商提供的数据驱动动态广告产品

本书大部分讨论的是关于营销人员的个性化广告以及对收集的或现有数据的使用。在许多案例中，尽管营销人员没有相应的知识和基础设施来开展个性化广告活动，但他们仍希望有所尝试，或者甚至可能让其他人来帮他们完成。在这些案例中，当品牌致力于自身内部力量的提升时，动态广告平台的提供者和发布商就能够帮助品牌着手做这些事情。

一直以来，一些大型发布商会提供这样的数据驱动动态广告。例如，雅虎公司已经提供了一段时间的“Smart Ads”，该服务使用雅虎天气、雅虎金融以及其他数据；eBay 和亚马逊正以有限的方式提供基于产品列表数据的个性化广告；The Weather Channel[①] 也提供一些天气和可用客户注册资料的广告产品。

① The Weather Channel 是一款天气预报软件，适用平台包括 iPhone、iPad、Web 版、安卓系统等。——译者注

2015 年以后，那些最大的发行商已开始提供数据支持的广告产品。

发布商（尤其是大型的）拥有大量访客的数据，数据的类型包括兴趣（例如喜欢跑车或是 SUV 的人）、访客感兴趣的运动种类、购物习惯、搜寻内容等。对于一些优质的内容发布商而言，这些数据在某种程度上是长期有效的（例如并非基于 Cookie 的）并且能够跨平台使用。因为这些发布商拥有精准识别用户的登录信息，所以关于用户的全部数据能够被保存下来，而登录就像是一把钥匙。

发布商能够提供的数据支持的广告产品种类在一定程度上依赖于它们的受众或流量的数量和规模。例如雅虎、Facebook、谷歌、微软和 AOL 等发布商巨头能够提供用户资料数据支持的广告产品，因为它们有足够的受众数量，而基于网站受众细分，特定的媒介购买能够进一步地个性化。对于较小的发布商而言，这并不可行，因为媒介购买可能只有几百万展示次数，所以深入的个性化就没有意义了。

如果发布商没有大量的（或可靠的、基于登录的）用户资料，那它们可使用的其他数据信号主要包括以下几种。

- **上下文数据信号。**一家美食网站能够提供基于用户对食物的兴趣的用户细分，比如烘焙、汤羹、主菜、甜品等；一家汽车网站既可能提供跑车、豪华轿车、SUV 等内容，也可能提供有关用户是否对体育赛事和滑冰、野营等户外运动感兴趣等内容。这类信号仅仅来源于使用关键词为各种页面文章贴的标签，以及随后用于个性化广告体验的分类系统。
- **搜索数据信号。**许多页面有搜索栏，用户可以在站内搜索内容。搜索行为是用户偏好极具价值的指示。例如，一次“二手沃尔沃汽车评价”的搜索将显示出用户正处于二手汽车市场中并可能正在特定地搜寻沃尔沃汽车。同样地，搜索

"鼻过敏"可能是抗过敏产品的信号。

- **页面内容驱动广告。**一些发布商拥有极具价值的内容，这些内容能够加强品牌的用户参与。例如，一家户外运动网站能够提供多种多样的户外运动内容流，它们可以显示在广告中并与广告的个性化相匹配。举个例子，一家运动产品的供应商能够产生几个版本的个性化广告，使多种运动产品与体育活动相匹配（例如为野营爱好者提供的野营用具、为网球手提供的网球用具等）。根据广告所服务的内容，网页内容能够被引入并与上下文匹配，相同的上下文标签将被用于告知广告的个性化设计，因而内容与广告文案能相匹配。

想象一则野营用具的广告，产品来自 Patagonia 那样的户外品牌。同样的广告可以有一连串来自运动爱好者网站的有关野营的内容。内容流和展示在广告中的产品能够根据页面和广告服务的上下文而发生改变。

发布商数据整合

网站提供数据驱动的个性化广告所面临的挑战之一是，它们通常不得不由网站提供，因为广告需要被整合到网站的数据和内容中去。然而，有一些能够绕开这个挑战的方法，即通过第三方广告服务平台使网站轻松实现整合，并且将页面数据和内容一并输送到广告中。

网站数据最好通过标签变量来传递。标签变量是包含一个广告标签的变量，标签的值在广告提供给站点时就被设定。当一则广告被提供到页面上时，页面会为广告传输标签变量的值，于是根据页面的上下文，该广告就能显示出正确的版本。

页面内容也能够被轻而易举地整合进广告内容中。大多数发布商为其网站内容采用 CMS[①] 系统，而许多 CMS 系统能够提供 RSS 或 JSON 流来访问 CMS 系统的内容。动态广告平台常常有能力吸收这些信息流并展现在广告中。这种整合通常非常直接，不要求任何定制开发或编程。

这种整合网站内容到广告中的输入型模式是一种好的方式，因为广告内容将在之后随着网站内容的变化而进行动态变化。这个网站内容整合方法也为广告创造了一种“原生性”的样貌和感受，使广告的用户参与水平大大提升。这种网站内容整合的例子之一是，Pillsbury 曲奇饼干混合料能够整合 Martha Stewart Living 网站上有关各种曲奇饼的做法，而这个品牌的曲奇饼干混合料能够在这些做法中派上用场。

这种动态的网站内容整合往往用于原生广告的形式，在今天被众多发布商所实现。

当媒介购买迅速转变为程序化购买时，相当多的发布商广告库存正通过程序化供应方平台出售，从而使发布商能够聚焦于其中某一种能提升 CPM 效率或高收益的广告形式的直销，这明显区别于品牌可以程序化购买的广告种类。

个性化或动态广告形式是发布商能够让自己的广告产品与众不同并获得最高赞誉的最佳方式。同时，它们也会创造无法通过程序化购买来接入的独有的广告产品，因为它们被整合进了网站数据和内容，而这种广告形式将无法通过程序化购买获得。

许多发布商意识到它们的数据也是一种能够变现的资产。很显然，根据自

① CMS 是“Content Management System”的缩写，意为“内容管理系统”。——译者注

己的数据创造属于自己的个性化广告产品意义重大。此外，发布商还能够打包它们的网站数据并将之用于锁定目标和实现个性化。许多网站通过 DMP 的基础整合已经这样做了，有一小部分网站已经建立了它们私有的 DMP，而我们会看到这样的情况越来越多，尤其是来自较大的发布商，它们拥有大量尚未用于变现的数据，或者甚至未被以任何有意义的方式利用的数据。

为了做到这一点，发布商必须加大投资以丰富它们的数据。Cookie 数据仅仅说明了访客出现在它们的网站上，这可能不会有很大的价值。而用户在网站对内容的消费、站点搜索、对社交媒体内容的点赞和分享才是极具价值的数据信号，能够用于该网站或别处的个性化广告。

有一种观点认为，发布商尤其是大型发布商，应当投资建立一个类似之前描述的用于品牌内部建设的个人数据库（personatization data store, PDS）。这种数据中心能够成为发布商通过广告产品或者直接作为广告产品提供的专有的数据金矿。

电子商务公司成为媒体公司

过去几年里，有一个有趣而又极少被关注的趋势是，起初以电商公司或电子零售提供商闻名的公司正悄悄地成为规模可观的媒体公司，比如亚马逊、eBay 和沃尔玛等公司。当然，大部分大型在线零售商的确会在其网站上展示广告，通常被广告链接和 DSP 广告所填满。

三巨头和其他公司开始提供的是品牌的各种目标命中能力，因为它们的网站拥有大量的有关搜索、浏览和购买行为的数据财富。这正是这些在线零售商能够为品牌提供更多的个性化广告产品的理由。拥有网站的流量、规模以及可利用的大量数据，这些电商能够与一些大型发布商匹敌，比如雅虎、谷歌和微软等公司——既能根据规模和触达，也能根据它们的数据资产的种类和规模。

近来在营销人员中最受追捧的一种数据也恰好是这些发布商所拥有的：一个跨终端的统一身份。由于缺少用户跨终端的单一身份识别，许多品牌正面临跨终端追踪对话和执行归因分析的巨大挑战。不同于大多数网络发布商，在线零售商之所以拥有这种身份，是因为用户必须在它们的网站登录才能购买产品。这种数据胜过 Facebook、谷歌和雅虎所拥有的数据，它与特定消费者的身份绑定，而幸亏有登录信息才能将跨终端的用户链接起来。

终端公司成为媒体公司

我们所认为的数字媒体公司通常是电视的在线资产、纸媒的在线资产，或是纯粹的数字资产，包括 Mashable、《赫芬顿邮报》、雅虎等。一种新型的媒体公司正在终端领域中出现。我们当然会迅速想到苹果公司。苹果公司拥有一项叫作“iAd”的新兴广告业务，主要为许多品牌推送定制化广告产品。曾有传言称，苹果公司曾要求至少要投入 1000 万美元来通过 iAd 运营一项广告活动，但看起来这个数字明显减少了。

这个市场的新进入者非亚马逊莫属，它带来了 Kindle 和读者产品，以及媒体业务 Amazon Prime。但尚不清楚的是，明确在其电商网站上售卖广告产品的亚马逊，是否也会通过广告寻求其 Prime 内容的变现。

最近，一向被认为是终端公司的三星公司，正开始引入一些媒体应用，并在有线电视产品中有了新的广告业务。

此分类下的所有公司也有着大量的用户数据，它们的规模和丰富的数据使它们相较于其他媒体公司更具有显著的优势，其基础是它们终端产品的普及。

这些公司追求数字广告模式来实现内容变现将会有多强劲，我们将拭目以待。但很清楚的一点是，如果它们去做了，那它们将会成为个性化数字广告领域的重要选手。

第 16 章

个性化大数据开发

当下，“大数据”对于市场营销人员来说绝非一个陌生的词汇。为了我们在谈及个性化广告与“大数据”时，能够明白“大数据”具体所指的内容，我们需要对大数据进行定义。

大数据是指从传统来源之外产生的大量数据，当以合适的方式加以利用，便具有用于定制个性化数字广告的洞察价值。大数据也有两个新的来源：一是手机、平板以及其他可穿戴设备；二是社交媒体。在十年之前，这两种来源都不存在可收集到的数据。而与以往营销人员所拥有的数据相比，从这两种来源中收集到的数据都具有一个最与众不同的特征——这些数据都是高度私人化的。这些数据是关于一个人的好恶、关于他即时所处的环境，甚至关于他内心的情感的。不仅如此，产生和捕获这些非常精确的数据都是实时进行的。

而在下文的讨论中，当我提及“大数据”这一概念时，需要明确的一点是，传统来源中获得的数据也同样包含其中，例如客户关系管理数据以及网页浏览数据等。因为它们同样会为营销人员提供消费者洞察的有价值的信息。

数据来源

来源于品牌内部并可用于个性化的数据常被称为第一方数据。而在今天，无论是进行营销活动还是重新定位网站访客，第一方数据都只能在很有限的程度上发挥作用。

大多数品牌的第一方数据会有若干种来源，且一般从大多数消费者的接触点进行收集，包括零售店、品牌官网、售后服务、保修服务、客户融资以及会员制度等。

然而遗憾的是，在大多数组织中，从以上这些接触点获得的数据常被存储在数据库中，且无法用于组织内部其他部门的工作（例如被营销部门用来提高营销活动的效率）。

除此之外，被存储在多个数据库中的数据也常使用命名法保存。以这种形式组织和存储的数据，除非经过大规模的再处理过程，否则便难以用于营销活动中。

许多组织在内部数据库与数据集市的建设中都有所投入（常使用的软件就来自我就职的第一家公司——Informatica）。在这些数据集市中，经过聚合的数据会被以更容易理解和分析的方式组织。

由于不同数据集市和数据库及其建设方式不同，其所含的数据能否被用于个性化广告中也有所差异。接下来，我将谈谈可能会影响此类数据使用的几个方面。

- 这些数据可能已经相当陈旧。许多数据库都被用来进行历史数据分析并提供消费者活动报告，而其中的数据可能来自几个月甚至几个季度前。使用这样的数据进行个性化广告营销是十分具有挑战性的，因为进行个性化广告营销毫无疑问应该使用最新的（甚至有些情况下需要实时的）数据。

- 这些数据可能无法与顾客的线上身份实现绑定。顾客在使用电脑浏览时会留下 Cookies（在手机上则是广告 ID），这一点至关重要。因为从根本上来说，当顾客看到来自品牌的广告时，只有广告方能够读取到 Cookies 并且把 Cookies 与数据库中的顾客数据进行匹配，个体对于广告主才能算是有意义的匿名大众。如果想要利用数据进行个性化营销活动，个体与数据的匹配是必须完成的。
- 这些数据可能没有整合顾客与品牌的诸多接触点。举例来说，会员制度所包含的数据常常没有与其他顾客的数据整合在一起。因此，当我们想查看一位顾客是否为品牌的会员时，这一行为甚至可能无法只依靠一个数据库来完成。
- 这样的数据库往往没有能力将社交媒体数据、移动端数据或第三方数据进行整合，虽然这些数据都会在对用户进行顾客画像时提供帮助，但也限制了它在个性化营销活动中所能发挥的空间。
- 数据库时常包含有个人身份识别信息（PII）。在数据库中拥有这些数据并且使用该数据库是有风险的，因为这些信息可能会无意间流散到公司以外，且极易被他人入侵窃取。
- 动态检索数据可能会存在延迟问题。数据库在最初被设计时就是为了提供离线报告的，而提供一份报告或发起一次询问请求的反应时间可能需要数秒甚至几个小时。而对个性化广告营销而言，发起一次询问请求则需要在几毫秒内完成。

建立一个个性化数据库

考虑到前文提到的诸多原因，在很多情况下也许最好的选择就是从调研做起，并为个性化营销这一特定目的建立一个数据库。

而要建立一个个性化数据库需要考虑的第一件事就是这个数据库将会非常

庞大，所以理论上大数据技术会应用于其中。大数据技术指的是数据库、数据存储以及使大量数据的实时存储和实时检索得以实现的缓存技术。

不同于传统的数据库技术，大数据技术不再是为有效存储和检索传统形式的数据而进行设计的，而是为处理更大量的数据进行了完善和优化。

大数据技术

大数据技术（得以实现）的基本前提是数据库的工作量及存储功能可以在许多服务器系统间进行分配，也就是说，数据库只需通过向系统添加更多的服务器或“节点”就几乎可以实现无限扩张。

这类系统最出名的便是 Hadoop。Hadoop 是由阿帕奇软件基金会（Apache Software Foundation）运营的一个开源系统。Hadoop 系统主要包括一个叫作 HDFS 的分布式文件存储系统（主要负责实际的数据存储以及节点间的数据检索）以及负责分配在数据上执行任务的系统 Hadoop MapReduce[①]。

如此大量的数据都存储在一个系统中，如果数据库崩溃的话，该怎么办？Hadoop 的设计者早就想到了这一点。Hadoop 系统的容错率很高，而且实际上并不会出现因单一的节点让整个系统崩溃的情况。因为 Hadoop 已经被大规模安装启用，所以这个系统有几千个类似的节点也就不足为奇。即使有一天，它们中的一些节点不工作了，整个系统也仍然会继续运转，因为它们负责的工作会被直接转移到其他节点上。像雅虎、Facebook、谷歌以及亚马逊这些公司都会使用一定形式的 Hadoop 系统，用于存储和检索它们所拥有的海量数据。

① Hadoop MapReduce 是一个软件框架，基于该框架能够很容易地编写应用程序，这些应用程序能够在由上千个商用机器组成的大集群上运行，并以一种可靠的、具有容错能力的方式并行处理 TB 级别的海量数据集。——译者注

Facebook 近日公布其每天向以 Hapdoop 为基础建立的数据库传输的数据达到了大约 500 万亿字节。

Hadoop 并不是为理解一些例如 SQL 的通用询问语言而设计的，所以在检索数据方面它并不是最简单的。而阿帕奇软件基金会也公布了另一款开源架构 Apache Hive。这一架构会在 Hadoop 系统的顶部建立一层类似 SQL 的结构，以便更容易从外部在 Hadoop 系统中检索数据。

建立个性化数据库

一个个性化数据库应该包含有助于制定个性化营销活动（特别是其中的个性化广告）方案的任何数据。

鉴于本书不可能做到详尽无遗地列举出所有应包含在个性化数据库中的数据种类，我在这里只是简单地列出可能的几种数据种类：

- 用户 / 顾客的网页浏览记录；
- 购买历史；
- 会员计划的细节（例如会员的积分、会员的里程数、会员的身份以及入会时长）；
- 社交媒体数据（换句话说，也就是那些向品牌官方社交媒体发送的消息，在品牌页面上喜欢及收藏的物件等）；
- 移动端 App 的使用数据；
- 第三方数据（这些数据存储在第三方数据库中，但引用及标记可保存在自己的数据库中）；
- 第二方数据，也可以称作从市场开发合作伙伴处得到的数据。这些数据也许将为顾客可能的购买行为提供有价值的预测。

有了以上这些所有数据的帮助，品牌便可以对顾客进行 360 度的画像，并有助于它们有效地对用户进行个性化营销。

在积累这些数据的同时，一定要确保个性化数据库中不包含任何用户的个人识别信息。这样做，一是为了防止在营销活动中无意间泄露任何个人识别信息，二是为了防止黑客进入数据库利用这些数据，从而给公司带来重大的公关危机，并为顾客带来不必要的烦恼。所以需要特意寻找并排除的信息包括：姓名、社会安全号、详尽的家庭住址（城市 / 邮编对于个性化营销是有帮助的，但是过于具体的地址则可能成为麻烦的源头）、电话号码、身份证号、Facebook 或 Twitter 的账号名和操作以及在博客、稿件及帖子中提及的朋友的名字，等等。

还有一种方法可以确保这些排除掉个人识别信息的数据，即使使用新型的匿名用户识别码，仍可以进行用户画像。这种数字识别码理论上不包含任何个人识别信息。也许因为使用姓名和社会安全号及一系列相关的事物太容易诱导事情朝不好的方向发展，所以最好的方法还是使用一个完全随机且唯一的号码与用户画像匹配。我们可以把这个号码看作唯一的用户营销身份证（UMUI）。

这个号码还需要和一系列外部识别码绑定，从而实现外部识别码与 UMUI 这一内部识别码的统一。外部的识别码包括类似移动广告身份码以及用户 Cookies 中的特殊码等，而 UMUI 则应是能够将用户的基本属性和个性化数据库紧密绑定的基本数字码。

个性化数据库中的数据模式应和用于提取数据的数据集合有所不同，因为它需要高效地满足动态广告服务平台和其他个性化服务平台实时的检索和呈现的需求。

某些动态广告平台（如 Jivox）自身开展了数据存储和缓存业务，把用户数据组成相关数据子集存储起来，以防实时的数据检索和使用受到阻碍。在这种情况下，延迟似乎不再成为问题。然而，如果数据直接被用来影响广告向用户的分发，那个性化数据库的结构仍然需要将延迟和有效性的因素考虑进去。

数据清洗和转换

对于一般的数据以及那些原本不是用于营销活动而收集的数据而言，最大的挑战之一便是它们在有效用于个性化广告前，通常需要进行大量的工作来重定格式并进行转化。

客户关系管理和其他用户数据系统因为使用密码对数据进行编码以节省数据库空间而饱受诟病。例如，一个顾客会员数据库也许会使用像 Z1、Z2 以及 Z3 这样的编码来表明顾客所处的会员等级。而这些字符对于那些不懂得其含义的人来说，毫无疑问只是一堆乱码。因此，为了能在个性化数据库中使用这些数据，它们通常都需要进行数据清洗和转换。

能够进行这样的数据清洗的软件已经存在了很多年，它们来自像 Informatica、甲骨文以及 IBM 这样的公司。虽然要实现所有数据的清洗并得以使用，实在需要耗费一番工作量，但好消息是这样的工作只需进行一次。当原有数据完成清洗和转化后，从系统中获得的新数据也会按照新的格式逐渐完成转化并进入个性化数据库中，以备随时可用。

个性化数据库中的数据模式

一个个性化数据库必须要有一个经过深思熟虑的数据模式。在这种条件下，那些能够也应该被用于个性化营销中的关键元素才能发挥其价值。

为了更容易从数据中进行个性化营销决策，数据最好是已经进行预先处理的，而不是像产品销售数据库或是网站那样未加工的数据。举例来说，与生成一个顾客购买产品的名单相比，一个购买商品的种类清单也许更能提供帮助。例如，如果你将顾客购买的鞋按照跑步鞋、网球鞋和足球鞋进行分类，就可以猜测出顾客可能喜欢参与哪项运动。从长期来考虑，这也能帮助你洞察一名顾客更倾向于购买打折商品，还是只挑选最新或最贵的款式。

通过对个性化数据库的累计购买数据进行统计，我们也可以看到一位顾客的累计消费金额处于什么样的位置，较多还是较少，是季节性购买的常客还是一年只消费一次的顾客。

个性化数据库绝不仅仅用于查看数据的来源，而应被视为一部关于数据来源的百科全书，对用户画像的信息进行分类和组织，从而能将其用于与个性化相关的决策中。大多数被用于个性化的实时数据都可能不会出现在个性化数据库中（但最终可能会被上传到个性化数据库中，以便继续进行用户画像），因为它们需要立刻被用于决策中且极具交易性质。举例来说，如果一位用户选择了一款鞋但并未完成最终的购买行为，那么从网站 Cookie 获得的数据就应被用于个性化中（也许根据个性化数据库中用户的历史购买行为，就能为该用户提供其颜色偏好，以促进其购买行为的完成）。

下面是一些可以为个性化数据库中的数据种类及集合提供指导意见的准则（绝不意味着通用）：

- 网站行为：
  - Cookie 关联数据；
  - 已浏览的产品目录；
  - 已购买的产品目录；
  - 从浏览产品到购买产品的转化率。

- （线上及线下的）购买记录：
  - 产品目录；
  - 年度花销；
  - 购买种类（如无折扣新品或折扣促销品等）；
  - 季节性（或购买频率）；
  - 商品偏好（如颜色、尺码等）。
- 会员制度：
  - 会员时长；
  - 会员等级（金卡用户、白金用户等）；
  - 趋势（或最近的忠诚度）；
  - 积分余额、剩余里程等。
- 礼仪待遇（例如消费者能够享有什么样的、他们之前未曾有过的礼遇）。
- 社交媒体数据：
  - 喜爱的网页；
  - 收藏及分享的网页；
  - 使用的社交媒体种类；
  - 发表或分享的频率。
- 移动应用数据：
  - 使用频率（以每小时、每天、每周或每月计算等）；
  - 已执行的交易；
  - 购买数据；
  - 花费的时间；
  - 偏好数据（颜色、种类等）；
  - 从浏览到购买的转化率。
- 第三方数据：

  - 跳转到第三方数据的链接；
  - 为快速匹配而拷贝的第三方数据。
- 第二方数据：
  - 跳转到第二方数据的链接；
  - 必要的第二方数据拷贝。

其他数据来源及派生数据

第三方数据需要进行详细的讨论。许多数据提供方（如数据管理平台）会将它们汇总的丰富的数据集提供给广告商。这样的数据需要和广告主自有的第一方数据进行整合，而广告主的个性化数据库正是这两方数据整合的集中点。“Cookie 同步”正是实现这一结果的典型方法，即通过在第一方数据 Cookie 和第三方数据 Cookie 创立一个链接便可实现。这种方法实现了第一方数据和第三方数据的整合和互通使用。和仅有第一方数据相比，这样的方法能够引出更大量的数据变量和更广阔的数据配置，从而明显地提高了个性化的水平。尽管在这些数据上花费的成本时常令人头疼，但在数据大爆炸和数据商品化的浪潮中，数据的价格也呈明显的下降趋势。

第二方数据是常被忽略的一类数据。第三方数据是从类似数据管理平台这样的数据汇总方获得的数据。而第二方数据则是从数据的直接来源获得的，比如市场合作伙伴。举例来说，航空公司、汽车租赁公司以及酒店连锁集团同时服务某一位顾客，并且它们之间不存在竞争关系，那么如果这些公司之间签订数据合作协议，势必将明显扩大各自掌握的数据量。举个更具体的例子，美国航空公司（American Airline）并不了解所有经常去迈阿密旅行的游客，但是赫兹（Hertz）租车公司了解。同样地，赫兹租车公司也并不知道乘坐美国航空飞机前往迈阿密但使用其他租车公司的乘客的信息。类似的协同合作同样存在于房地产公司和保险公司之间，以及汽车公司和保险公司之间，等等。

第二方数据协议常常正是那种没有成本的“公平交易”（因为你给了我你方的数据，而我也给了你我方的数据），而这样的数据同样也需要在组织间进行匿名处理，以防损害用户的隐私权。

即使最有经验的广告主也常常无法拥有顾客的全部数据，因为许多顾客是不会浏览它们的官网或使用它们的 App 的。如果一个品牌有自己的经销店，它将获得一些数据，但这些数据很难与顾客的数字形象联系起来。而这样不完整的数据所形成的个性化数据库也是不完整的。对许多广告主来说，与它们直接互动的顾客数量，和看到它们广告的顾客数量相比还是相差甚远的。即使是中型企业所制定的数字化广告策略也能有数千万次的广告曝光；除非它们只做电商，它们网站的访客才会普遍少很多。

用于解决这一问题的技术被称作“相似模型”。这一技术运用算法通过推理技术来丰富用户画像。这就好比如果 A 喜欢的东西 B 也喜欢，而 B 喜欢 X 这件东西，那么 A 就一定会喜欢 X。当然这一解释过度简化了相似模型，但确实描述出了这一技术的核心。

相似模型试图定位那些行为模式和目标受众十分相似的人群。举例来说，汽车厂商常常在寻找购车计划者（表现出有购车欲望的人群）或者已经有明确购车欲望的人。然而，如果汽车广告主仅仅是锁定了这些受众群体，那么它的策略就可能无法触达足够多的受众。例如，它的信息就无法传递到那些市场中可能有买车倾向却没有和购车计划者有着同样行为的受众。而相似模型主要从以下两个方面拓展了受众的范围。

- **多变量分析。**把一个人列为购车计划者不能仅依靠一个指标，而应该从多个指标进行考量。而依据算法的复杂程度，依据的指标数量也从几个甚至到几百个有所不同。而扩大购车计划者这一目标受众群体范围的方法就是，要考虑到有购车倾向的人在行为上不会完全表现得像典型的购车计划者那样。

- **相关分析**。这是一种更典型的方法，可以帮助我们去纵览所有有购车欲望的人可能发生的行为，包括那些可能和购车看上去并不是必然相关的行为（例如，一个人如果去了大学生助学贷款办事处，那么他们也许就会有办理大学储蓄计划的需要）。

亚马逊很早就开始使用这样的技术，它们使用称作“协同过滤”的技术去寻找顾客还可能对什么感兴趣。例如，如果你买了一本园艺方面的书，而亚马逊通过数据发现大多数购买此类书籍的人也可能会购买旅行方面的书，那么当你登录自己的账号时就会发现旅行类的书会出现在推荐栏中。有时这可能会给顾客带来困惑，因为在他们看来喜欢园艺的人和喜欢旅行的人之间似乎并没有什么明显而直接的联系。然而，在大量数据集和性能强劲的电脑的帮助下，亚马逊得以发现这样不明显但十分有价值的联系。

这样的数据同样会为完善一个用户的综合画像提供帮助，比如他的忠诚度、成长性、新鲜度、衰退度等。其他一些高级类别也可以是消费总额、位置信息（旅行地）和其他兴趣（可能要依据第三方数据）等。

这些数据自然是越新越好，因为对于个性化广告来说，数据越接近实时，那广告的效率也就越高。人们在抱怨个性化广告一直在向他们推荐已经购买过的东西，这就是因为在用户已经完成了购买行为时，系统仍然使用的是用户曾经浏览过这一产品的数据而没有及时更新。

推理与预测模型

在个性化数据库所需的数据基础构架已经准备就绪后，我们也许应该进一步讨论一下推理和预测模型的事情了。具体来说，就是通过处理顾客与品牌互动的大量相关数据，我们便可以进行推理并建立模型来预测顾客未来可能做什么。例如，基于购买历史记录去建立年龄、性别等模型是极有可能的，所以基于一个人的历史购买记录也就不难推理和预测出他需要什么产品。

预测模型需要数据挖掘、数据分析等领域的专业知识，并且也会涉及机器学习和人工智能等领域。这些学科可以帮助市场营销人员在对顾客的行为预测和推理方面做得更好，而最终得到的数据反过来也对个性化营销做出了极大的贡献。

预测模型依据的数据量越大，其得到的结果也就越精确。举例来说，如果我们记录下交易时当地的天气、交易的时间及同时发生的事情，甚至是新闻里的事件，那么依据这样庞大的数据量，就能帮助预测模型算法找到人所不能发现的影响路径。

判断过去用户在怎样的状况下购买了产品，对于个性化营销具有巨大的价值。因为个性化营销可以通过依靠云智慧判断出什么样的东西会对特定的个体产生最大的影响。

研究发现，亚马逊上 35%~60% 的交易都是通过运用数千万顾客购买数据的“为你推荐”栏目促成的。尽管零售业是这一推荐技术使用最多的领域，但绝不是唯一的领域。奈飞公司已采用这样的技术向用户推荐观看的内容，例如，它会向用户发送邮件，告诉他们一部新电影可能会是他感兴趣的内容。

同样地，酒店产业也可以使用这样的预测模式，得知何时向用户提供度假酒店推荐，何时向用户提供差旅酒店推荐。这通过移动终端 App 上用户的位置信息来获得用户一般会在什么时间段计划度假，甚至获得有关度假的目的地的信息。

机器学习技术通常被用来优化营销活动，但同样也可用来优化预测模型。因为太多的因素都可能影响到顾客的购买决策，所以得知导致顾客最终下决心购买的关键因素实在是一件难事。无论是得知哪些顾客可能会购买产品，哪些因素可能会影响购买决策，还是得知顾客何时可能会下单购买都是一件极具挑战性的事情。而机器学习技术就是被用来处理这些困难且令人困惑的事情的。

机器学习技术依据大量变量以及与变量相关的数据和结果最终生成一个公式。这个公式会告诉我们哪些数据可以预测结果。机器学习算法通常需要输入海量的数据，以及可支撑处理这些数据的强大计算能力。

大数据不仅仅是数据库，更是一种方法

大数据远不只是收集数据，建立数据库这么简单。和以往相比，它更是一种将数据放在营销更核心的位置的方法。个性化营销让市场营销人员能够更高效地利用他们已拥有数年的数据来提高销量并创造更高的品牌忠诚度。

因此，大数据并不应被看作一种目标，而应被视为一段旅程。在这段旅程中，我们收集数据、整合数据并且增加数据，而为了确保这些付出是值得的，我们又不断地对结果进行测量（并做出调整）。正是在这样一个过程中，我们自身的方法也得到了改进。

其他数据整合技术

为了提高品牌自有数据的能力，许多品牌也开始寻找一些技术和数据的商业供应方来获得更多的数据。

数据管理技术的多次突破，使得数据能够在广告营销活动中发挥更大的价值。实际上，这些数据本身非常简单。重要的是，互联网本身强大的互通能力

使得互不了解的系统之间也能通过应用程序编程接口 API 进行交流。过去的技术和软件包在系统间的交流方面十分薄弱，这就加大了整合数据并把数据用于广告中的难度。

过去几年中出现的两项突破性关键技术使得依靠传统营销数据管理中的 Cookie/ID 同步以及依靠 Cookie 建立的用户偏好画像等内容，解决几项关键问题成为可能。所有通过这两种方法收集的数据都是完全匿名的，是不需要使用任何个人身份信息就能完成的。

Cookie/ID 同步

Cookie 同步听上去非常复杂，但实际上原理十分简单。这一方法使得不同的数据收集方无须知道或交换顾客的个人身份信息便可以进行交流。Cookie 同步，顾名思义，就是通过 Cookie 使得网站能够记住你而不必知道你的真实身份。

让我们设想这样一个例子：安吉很喜欢车，并且经常访问名车志网站，查看最新款的车以及与车相关的事情。当然，在这一过程中，安吉肯定告诉了网站很多关于她喜欢什么的信息。而网站就可以在她的浏览器中的 Cookie 保留这些信息，并根据了解到的安吉的习惯去为她定制内容。这一技术自网站诞生之初就一直存在，并且这样获得的数据被称为第一方数据。尽管数据显示出了很多安吉在汽车方面感兴趣的信息，但是其实并没有显示太多的内容。事实上，它甚至可能无法显示出安吉是一名女性（实际上，若只是依据汽车网站的简单人口统计数据的概率进行判断，这位女士很可能被误判为男性访客）。

原来，安吉同时也是 Elle.com[①] 网站的一位常客。（有了这一数据）我们就

① 一个为女性提供全方位流行时尚信息的网站。——译者注

能有很大的把握判断出安吉是一名女性，并且获得很多作为女性所感兴趣的内容的数据。

就像我们之前所讨论的，关键的问题就在于如何结合这两套数据来更好地向安吉进行推销。

Cookie 同步技术使得名车志网站的数据与 Elle.com 网站的数据相联，通过这两套数据一同去描述一个个体，并因此可被用于建立这个人的画像。这就是通过使用像 DMPs 这样的媒介技术平台而完成的（这在本章节之后的部分会进行讨论）。

正如我们在安吉的例子中所看到的那样，在线 Cookie 同步技术的工作原理其实非常简单。每个网站都会有一个包含一些代码的标签，当安吉访问一个网站时，就会在浏览器留下 Cookie，并同时会告诉数据管理平台一个回访的 URL 地址。这就相当于告诉了数据管理平台，安吉已经在上面注册了并且已为她自己注册了唯一的 ID。这个回访地址能让数据管理平台去找到 Cookie，并去看看是否在其他网站上也能找到"安吉"这个人。如果没有，那么它就会为安吉注册一个唯一的识别码并把这个识别码传回网站，而网站则会记录下这个识别码。因此，本质上就是名车志和数据管理平台交换了识别码，当安吉再次访问名车志的时候，数据管理平台就能立刻识别出这就是上次访问网站的那个"安吉"。同时，如果安吉也访问过 Elle.com，那么数据管理平台就会比之前多知道一些——它知道安吉是一名女性。

在线的第一方数据库之间进行 Cookie 同步是一件很容易的事。但是它却无法实现线上网店和线下实体店的数据互通。从数据整合的角度来看，线上线下活动的互联仍然是一个挑战。那么接下来让我们从安吉的其他活动来看看用什么方式能解决这一难题。

现在假设安吉每周还会去好市多（Costco）[①]购物一次。而有一次，她购买了一些汽车配件和其他东西。好市多超市可能会对这些有数据记录，但问题在于好市多的客户管理系统仅仅对安吉在实体店的情况有所记录，却对她在线上活动一无所知。当安吉在实体店购买东西的时候，她会用到记录着她唯一会员 ID 的会员卡。那么假如她接下来又去好市多的网站购买东西并付款，那她同样也会用到这一信息进行注册。通过这一行为，网站便能够识别出她的身份。好市多的客户管理系统便能够将她的线下购买数据和她的线上购买数据匹配起来。

即使是两个零售商间的线上数据和线下数据，也能完成这一匹配过程。因为只要使用通用的关键码——即像姓名或是信用卡这样同时出现在两个数据集的关键码，就可以完成数据的同步。

所以总结一下我们前文的假设，现在在好市多的客户管理系统数据库中，关于安吉的数据已经和名车志以及 Elle.com 的数据管理平台数据实现同步了。

记住，现在数据管理平台仍然不知道安吉是谁，但是知道她是一个爱车的人，可能是名女性，喜欢去量贩商店购物并且可能已经组建家庭（因为从她在好市多买下的大量食物中得知）。

用 URL 进行同步的方法可能对于同步身份来讲是比较理想的，但对于同步数据效果可能并不好。因为当有广告请求或是用户在浏览网站时，数据交换需要在数毫秒内完成。而在 Cookie 同步的同时需要进行数据同步，有时很有可能会引起不容忽视的延迟。因此，许多第一方数据提供方和数据管理平台方开始进行服务器间的整合。之所以成为服务器间的交换，是因为数据交换是借

① 好市多是美国最大的连锁会员制仓储量贩店，也是全球首家连锁会员制仓储量贩店。——译者注

由 APIs 在 Cookie 同步请求外进行的。这样便不会减缓 Cookie 同步的进程。

一些数据提供方和数据管理平台方也会进行批量的数据处理。具体来说，就是大量的数据集会在夜间进行同步，以确保整个系统始终保持在“已完成同步”的状态。

服务器间的同步对于加强数字广告来说很关键，因为为某一特定广告请求或多样的信息所做的决策需要在几毫秒里完成。所以，决策引擎和数据越接近，就越能及时地传递信息或提供广告。

以 Cookie 为基础的用户偏好画像

对于许多品牌，尤其是一些顾客品牌来说，每天都会有很多顾客和可能具有消费需求的人访问它们的网站。许多品牌也因此意识到捕获这些顾客偏好和兴趣最好的方式就是记录下他们在网站上的行为，并利用这些信息为每个顾客建立一个画像档案。

顾客在官网上的行为可以反映出其很多的信息。例如，对于一个金融服务商来说，顾客的网上行为可以帮助它们了解顾客的年龄区间：年长的顾客更可能会浏览退休理财产品，年轻的顾客则可能会浏览大学储蓄基金。而对汽车业来说，这样的网站活动数据则会告诉品牌某一顾客正在市场中寻找哪一种车型，又对车的哪些特征感兴趣（是车上行李空间还是操控感），甚至是对哪种汽车颜色的偏爱。

移动终端的挑战

本章之前讨论的种种技术对于电脑端的广告呈现都很有效。但这些技术因移动端的出现而受到挑战。下面列出的这几项都限制了用以上方法收集到的数据的发挥。

- Cookie 在移动端是不确定的。许多移动端浏览器是不允许使用第三方 Cookie 的，而仅仅允许使用第一方 Cookie 或压根没有 Cookie。
- 投入到用户主机桌面网页浏览器环境中的 Cookie 对于用户移动浏览器环境而言是不可见的，因此 Cookie 数据也无法使用。反之亦然，投入到移动端环境中的 Cookie 也无法在电脑桌面端使用。
- 即使是在移动端，同一终端下，用户的移动端浏览器环境数据和移动端应用环境数据也无法共享。

于是，移动端便在用户参与的不同环境中竖起了壁垒，这就使得为营销而收集数据、使用数据的工作又遭受了挑战。

面对这些挑战，苹果公司和其他移动终端厂商为了个性化广告，便引进了其他识别码来识别用户（同样不使用用户的身份识别信息）。通过这些广告 ID 识别码，便可唯一地识别出用户（或应更精确地称为用户的某一终端）的身份。然而这些识别码仍然经受挑战，因为它们只能够在移动端应用中使用，而无法在移动端网页浏览器中应用。

其他的类似像浏览器和“终端”签名的技术，也正逐渐地被广告技术方使用，以更精确地识别用户。一个通用的技术就是利用同一 IP 地址（比如用户家中）识别出用户可能使用的多个终端并进行绑定，同样也可以借助签名来完成。实现唯一地识别用户并不只是依靠一条简单的数据，而是需要通过不同的数据收集方法而获得的几条数据来建立用户画像。这些方法并不是百分之百精确，对于移动端识别程度而言，精确度在 65% 到 80% 之间并不罕见，但这已经是相当不错的水平了。而一些大的发布商已经能够通过使用登录信息实现跨设备间更精确的身份识别了。

随着用户在移动端浏览和购物所花费的时间逐渐超过电脑端，移动端用户身份识别问题也正成为个性化广告关注的焦点。

其实对于个性化而言，许多数据信号并不真的需要识别出用户身份。它需要做的是识别出用户所处的环境。例如，用户可能会因为天气、地理条件、股票市场和位置等产生购买行为，而其触发原因在移动端更容易被发现。而要实现这一过程并不需要 Cookie 或其他身份识别技术。

数据管理平台

之前在提到数据同步概念的时候，我们也略谈了一下数据管理平台，但你可能还是想准确地知道数据管理平台到底是什么。简单来说，数据管理平台就是一个与又大又快且高效的数据管理系统配套的软件。而数据管理系统能够将来源广泛的数据实现同步，从而使广告主能够进行受众细分，以传递特定的广告或信息。

一个数据管理平台无法自己运转，因为它需要诸多来源和用户的数据才能发挥作用。所以从某种意义上来说，它就像是一个集线器或者交通管理系统。它从不同的来源收集数据并要确保系统间的数据保持同步。

数据管理平台也能使得广告主进行受众细分。依靠数据管理系统的软件以及数据授权的合作方，数据管理平台能够拥有非常基础的数据套或关于个体非常详尽的数据。而数据的“新鲜度”或者说数据最近更新的日期对于各数据管理平台来说都是至关重要的。

根据和自身顾客（比如数据发布商）签订合同的部分条款，大多数数据管理平台也会从顾客通信量中收集数据。因此，如果一个数据管理平台的供应商和某一网站签订了提供数据的合同，那它同时也会获得这一网站访客的数据，从而继续扩大平台持有的数据量。而对于数据管理平台的其他顾客来说，该平台所持有的数据也就更新且更相关了。同样地，当大型的广告网络或广告交易所使用了数据管理平台后，它们也会把 Cookie 数据反馈给数据管理平台。在这样一个过程中，关于每位用户的数据就会快速增长，其画像也就会以极快的速度变得更加完整。

一些数据管理平台同时还会与像零售店这样的线下数据提供方签订数据合同。这样线上的 Cookie 数据就能够和线下的数据达成同步，从而帮助数据管理平台进一步完善用户画像。

另一项被用来在完全不同类数据套间进行相关性分析的技术就是使用相似模型。正如在本章之前所讨论的，有时我们可以在细分受众之间进行相关性分析。我们只需在已知的细分受众中寻找相关性，便可以定义出一类新的细分受众。例如，购买园艺产品的人可能也会购买有机产品；购买飞机票的人可能也会预订酒店，等等。相似模型使得数据管理平台也能够为那些仅仅知道其部分信息的人完成画像。

第 17 章

制作个性化内容

想要实现个性化广告就必须有所付出。而为了能够实现与用户间高质量的个性化互动交流，品牌就必须在针对自身的信息和内容上有所投入。

最初，这可能会令人气馁，因为这种做法与那种不顾个人兴趣的文案或是被众人诟病的广告文案相比，无疑是背道而驰的。但能够开发出高质量的内容和信息确实能够让品牌和用户间形成有效互动，并有所收获。

大多数品牌现在已经拥有自己的内容团队来为自己的社交媒体制作内容。这种方式常常被称为“内容营销”，其基本思路是用来“赢得”免费媒体资源（即用户的口碑）。而这一方法有时也因难以证明其有效性而受到质疑。例如，一个品牌可能已经在制作高质量的视频内容上花费了成百上千美元，并想以此吸引用户在 YouTube 或者 Facebook 上观看。但事实上，大概只有 2% 左右在 YouTube 上的观看量高于 10 万次的视频用来吸引营销人员向其投资。即使是花钱并上传到 Facebook 上的内容，其触达量同样也非常低。一般情况下，品牌发布的一个内容很可能只能触达其账号 16% 的粉丝数量。基于以上种种情况，我们难以证明为赢得媒体和少量触达的人群而制作内容是有效且值得的。

如果品牌方能够考虑一下所有这些有价值的内容能为付费媒体带来什么，那么能够触达的人群数量就会变得有趣起来。品牌本来已经在付费媒体上花费巨大，而整合所有的付费媒体并把已经制作的内容置于其中，无疑能够显著提高内容制作的投资回报率。

这种在付费媒体上使用本为赢得免费媒体而制作的内容的方法，本质上已足以提供高度个性化广告的体验了，同时与以往的付费媒体相比，它也会触达更多的人。

这种把内容引入付费媒体广告的想法，对于那些赞助体育赛事、娱乐盛事以及其他事件的赞助商而言也具有重大的意义。酒品牌、汽车品牌和其他消费者品牌常常会赞助体育赛事或本地、地区大事，并且经常会为了这些事件制作大量的内容，因此个性化广告的思路应该是将这些内容纳入付费媒体中。举例来说，如果奔驰公司正在赞助一场本地的高尔夫锦标赛，它就会为该赛事制作出一系列针对奔驰的广告（比如锦标赛胜者的照片、锦标赛胜者奖品的图片等）。这种即时活动营销的回报很丰厚，因为用户会和当地的赛事进行良好的互动。而在此期间，品牌能够知道接下来将要发生什么，因而表现得聪明一些。

为细分受众制作特定内容也会获得显著的收益。例如，一个汽车制造商可以通过展示一组当地滑雪场的连续镜头以及开着 SUV 拿着滑雪设备登顶的图片，来让一款 SUV 对于滑雪者更具吸引力。与此同时，在其他地方，展示的内容可能是去野营或是去湖边。为不同的细分用户制作不同的信息需要花费一些精力，但是当广告变得更有针对性、与用户更加相关时，这些都是值得的。

创意机构常将自己的角色定位在想出精妙的广告词、视觉上有吸引力的图像及视频表达等上，认为自己和从事数据、内容以及定位方面的专家是不一样的。另一方面，广告代理方的媒体团队也在担心目标受众细分等问题，并苦于没有技能和资源帮助品牌针对细分受众来制作内容和信息。

依靠甚至通过扩张自己的社交媒体内容生成团队，许多品牌现在也开始自己为付费媒体制作个性化的内容和信息了。

许多品牌已经建立了新闻编辑室风格的团队来持续不断地制作可用于社交媒体和其他口碑媒体上发布的内容。品牌有很好的机会去做这些，而其中一些品牌已经利用自己的团队和不断增加的制作资本来分发动态和个性化广告。一旦某件事情发生，品牌要能发出声音，并且必须发出声音，这就要求这个团队能快速反应，在社交平台上制造动态内容与广告结合的信息。

这种风格的广告显示出品牌正在不断进步。它们开始和顾客进行感性沟通并尝试为顾客提供价值而不是为了销售更多的产品去打扰顾客。

内容本身可以有很多形式，而内容创意更多的是依据情感诉求来创造视觉上的吸引力。下面列出一些分类。

- **娱乐性。**如果一个品牌想要更像一个媒体，那它就需要表现得更像一个媒体，让自己的内容变得更娱乐化和吸引人。内容不能只围绕品牌自身来制作，而应该去关注怎么吸引用户。娱乐性的内容总能吸引用户，而他们对于品牌的认知也和这些内容紧密相连。例如，维珍航空公司（Virgin America）制作了一段在之前众多严肃的视频中脱颖而出的趣味视频。本来飞机的航空安全提示视频是由美国联邦航空局监管的，是非常严肃的，但维珍航空公司市场部却找到了一种方式，来让自己的这个视频变得娱乐而有趣。我的孩子在飞机上看了之后，落地后还在 YouTube 上反复看了很多遍。维珍航空公司很好地把它转换成了一出小喜剧并成功地让人们记住了它。

- **教育性。**品牌应该力求让自己的内容能够提供帮助。比如，你是一个户外品牌，你就可以分享一些如何在户外避免过敏的小妙招。这样不就能帮助品牌销售更多的远足靴了吗？虽然不一定，但是相比较而言，用户更愿意选择那些关心他们健康和安全的品牌。
- **有用性。**当顾客对广告中的一个产品感兴趣时，如果品牌能够提供这个产品更多的细节，尤其是为个人定制的内容，那便能很好地提高顾客的参与度。例如，一位男性顾客可能更会对一辆汽车的性能感兴趣，而不是这辆车能装下五个孩子以及后备厢能装下橄榄球装备。与其期待用户去点击品牌的广告以引流到网站登录页，倒不如想办法为用户找到他愿意为之消费的相关内容。为什么不根据用户画像来为其组织和呈现内容呢？一款烘焙粉的产品广告就有可能从为节日定制的烹饪视频（例如圣诞节曲奇、感恩节派等）中获益。

用户生成内容有时是有用的，很好地利用它也能够有所收益。尤其是对于那些消费品牌来说，因为这些内容常常会在社交媒体上“病毒式”传播，用户的参与便有可能促进最终交易的完成。

而用于驱动个性化的数据，同样可巧妙地用在提供相关的内容方面。例如，对于一家瞄准体育爱好者群体的品牌（比如 GoPro）来说，它是面向所有类型的体育爱好者的，而广告所面对的每一个人参与的运动都不同，这就让它难以决定在广告中呈现哪一类型的运动比较好。通过将内容和用户的数据很好地结合，GoPro 现在可以制作一套非常吸引人的广告。这种方法奏效的原因在于 GoPro 能够识别一套数据信号，用来发现用户到底对什么运动感兴趣（从 GoPro 自己的网站、用户参与分享的内容或者第三方数据）。一旦数据信号被识别，内容也就会按照这些运动类别来进行分类（如骑车、滑雪、皮划艇等）。之后通过动态广告服务平台规则，按照用户的身份（如骑车爱好者、滑雪者等）匹配上合适的内容。

由于 GoPro 能从用户那里源源不断地获得内容，这些内容也源源不断地成为广告的储备，它可以基于不同的用户画像进行调整，并且总能衍生出一系列的广告内容，实时更新。

在内容制作方面进行投资，能够让品牌不仅在社交媒体和口碑媒体方面保持较高的顾客参与度，而且还能逐渐在大规模的付费媒体上崭露头角。优质的内容比任何精巧的文案更能驱动品牌的参与度，且应当成为任何个性化广告尝试和努力的基础。

第 18 章

开发数据驱动型广告所需的技术

要想真正实现数据驱动型个性化广告活动，就必须综合发挥多种技术的作用。

传统方式下的广告开发与制作

为个性化广告活动开发广告的过程和传统广告开发的方式有所不同。过去完成非动态的广告的过程是简单且线性的。一条广告经过编码、测试，以合适的方式追踪这些步骤便可以发布了。

许多动态广告起初想要尝试与之前相同的方法和工具，但是可能的创意变量数量很快就压垮了创意产品和测试工程师。对于那些创意变量的最小值在三个到十个之间的广告活动而言，之前的方法也许还能用，但需经常和数据控制工作室合作，来测试和比较不同的创意想法。

而想要进行个性化的广告活动，那么创意的变量数量就会非常大，常常达到几千个。而事实上，这正是个性化广告活动的关键：一个广告应该几乎就是为一个人量身定制的。

许多平台已经开始尝试通过使用模板将规模生产提上日程。在这些平台上，一个基本的模板会以一些占位符的方式来呈现有价值的东西，而这些占位符将通过 XML Feed[①] 的方式被检索，并以占位符串的方式呈现。这样的方式比制作成百上千的广告要容易实现得多。但问题仍然存在，因为在模板中必须有确定的广告尺寸和版式，这在现实情况中却往往是不可预知的。这就导致要经常对模板进行改动、编辑和调整，以防图片和文字重叠或被删减，而这肯定是一个很烦琐的过程。

以代码和模板为基础的广告制作过程仍然会在发布时引发很多问题。如果制作了一个复杂的广告，那么数百个甚至有时数千个广告都不得不安装上用于分析和报告的标签，这无疑是一个非常消耗时间且容易出错的过程。

进行标记代码为基础的广告在报告时也会很复杂。因为在追踪像素或标签时会收到各类反馈，类似创意变种、其他变形码和一些在广告活动发布后才能得知的属性。有时在追踪码中也会出现一些变化，即转而为每个广告提供一长串的变化代码，以确保新代码得以使用。

而如果你用了代码模板，那么这个问题仍然会以另一种方式呈现出来。当你使用了代码模板后，追踪行为就只能由其自身完成。这样的话，模板就无法

① “Feed”在 RSS 订阅过程中引申为用来接收该信息来源更新的接口。RSS 是站点用来和其他站点之间共享内容的一种简易方式（也叫聚合内容），通常被用于新闻和其他按顺序排列的网站，例如 Blog。一个 RSS 文件就是一段规范的 XML 数据，该文件一般以 rss、xml 或者 rdf 作为后缀。发布一个 RSS 文件（一般称为 RSS Feed）后，这个 RSS Feed 中包含的信息就能直接被其他站点调用，而且由于这些数据都是标准的 XML 格式，所以也能在其他终端和服务中使用，如 PDA、手机、邮件列表等。——译者注

为动态个性化广告报告所需要的细节数据，因为它们根本无法记录那些因人而异的个人信息。

显然，为了实现大规模的制作和传送个性化广告，一项新的技术突破迫在眉睫。

动态广告和动态广告平台

为了进行大规模地传送个性化广告活动，我们需要一项突破性的技术能够同时从产品和服务的角度来测量广告活动。

正如前面所描述的，目前普遍流行的广告制作过程存在的问题就是这些工具和过程在设计时就假定广告在活动全程中都是保持不变的。

一个有创意的人想出一个概念，一位开发者编写广告的代码，之后再返回进行数次修改（有时甚至不是几次修改就能完成的）。一旦最终的广告被敲定，广告活动便开始实施，那么全程几乎是一成不变的。这样的模式在个性化广告中是行不通的，因为广告制作和广告服务都是以一次完成的线性过程呈现的。

理想的动态个性化广告绝不是一次完成的线性模式，而是动态发布的方式。这样的发布方式才能使广告中的任何内容可在传输过程中根据不断更改的数据信号进行更改，决定广告将要发给谁，发到哪里。

在我们看动态广告平台是什么样子之前，让我们先来仔细分析一下个性化动态广告。每一个个性化动态广告通常来说有两套主要的构成要素：一套要素在不同版本中保持不变（像是 Logo、皮肤等）；另一套要素则会在不同的广告中有所区别。将两套要素区别开来并分开进行管理，是进行动态广告的关键一步，同时这也是进行追踪和报告的关键一步。这就引出了动态广告平台的第一个关键部分——组件体系结构，或被称为构建模型。

基于组件而构建的广告内容模型

基于组件而构建的广告内容模型使得个性化广告或动态广告中的每个部分都成为一个独立实体。这就使得每部分在交换过程中不会影响到广告的其他部分。这样的广告组件模型使得市场营销人员能够以模块化的方式制作广告而无须内嵌复杂的代码，从而使它们更容易进行交换。

每个广告都含有海量的素材（比如图像、视频以及动画等）。为了保证这些素材能够进行动态交换，广告组件就会被用来描述每一个素材板块。广告组件中包含用来描述内容板块（例如这个素材是什么类型的）及其属性特性的元数据[①]（即关于数据和对象的数据）。元数据中同样会含有素材如何在广告中呈现的信息。

广告中的素材通常会根据某种布局进行排布；而这一布局往往规定了广告中不同素材的相对位置。例如，一个 Logo 可能在广告底部偏右的位置，而视频则在广告的正中央。这些内容在广告中是以“层”的方式进行排布的，层是指广告中的组件相对的垂直位置。例如，一段动画可能和一个视频在布局上处于同一位置，而如果要将它们同时呈现在广告中，就得由层来决定是视频在上还是动画在上了。

由此可见，一个广告包括了一系列元素以及定义它们相对位置的布局方式。而最终行为将决定如果用户点击广告的某一部分后会发生什么。

在动态广告中，这些元素都是由元数据在广告中进行描述的，而不再是通

① 元数据（Metadata），又称中介数据、中继数据，是描述数据的数据，主要描述数据属性的信息，用来支持如指示存储位置、历史数据、资源查找、文件记录等功能。——译者注

过硬编码来描述的。元数据只是对这些元素的相对位置以及相互间互动的方式进行了描述。

每个素材都有几种特性。例如，一段视频有它的格式（如 mov.、flv.、mp4. 等）、尺寸、纵横比等。这些特性都会由广告元素的元数据来进行描述。

以下列出了一份 JSON① 描述符样本，以展示一个组件模型是如何对多个组件进行描述的：


```
{
"interactionIdentifier": "asset102",
"icon": "http://jivoxdevassets.cdn.com/asset/2014/12/496-0-
aim5489230b04313.png",
"label": "IMG_23092014_012329",
"data": null,
"iconFileName": "IMG_23092014_012329.png",
"urlFileName": null,
"iconDimension": "[1366,768]",
"assetDimension": null,
"origIconDimension": "[1366,768]",
"origAssetDimension": null,
"assetBgColor": null,
"iconBgColor": null,
"iconFileType": "image",
"autoPlay": null,
"iconGlowColor": null,
"isIconBgTransparent": null,
"isWatermarkLogo": null,
"fallbackImgURL": null,
"fallbackImgFileName": null,
"shareUrlType": null,
"shareMsg": null,
"fallbackType": null,
"fallbackWidgetSrc": null,
"fallbackWidgetURL": null,
"fallbackWidgetFileName": null,
"clickHandler": null,
"iconCustomEventQueryStr": null,
}
```


① JSON（JavaScript Object Notation）是一种轻量级的数据交换语言。简单来说，是一种类似 C 语言的编程语言。——译者注

这种类似的描述符有两个目的：第一，广告天生就能知道如何通过这种方式所描述的内容组件来呈现，而如果这一内容组件（如图片、视频等）是动态的，那么只需读取其元数据就可以知道如何处理了；第二，同样会提交动态内容（如产品目录）的第三方系统，可以通过这一“共同语言”与动态广告平台进行交流，从而使动态广告平台知道如何呈现。

有时这一内容组件可能是虚拟的，也就是说，广告组件可能仅仅会说明哪里可以获得这些动态内容组件。当广告开始运行时，真正的内容就会基于虚拟内容所定义的内容被抓取。

内容管理系统

在动态广告中，我们提到的组件模型描述了如何确保组件不会在广告中经过复杂编码或复杂链接，从而使它们能够较简单地进行交换。但是一个新问题也随之产生：当广告和其中的内容进行硬编码时，内容同时也是广告的一部分，而那些在内容中暂时不被呈现的部分又被保存在哪里呢？

假设一个动态广告根据天气情况的不同有四种不同的呈现状态，分别是炎热、温暖、清爽和寒冷。在任何一个确定时间，肯定只有一种描述负责真实情况，从而只会以一种状态呈现。那么在其他情况下，我们该将呈现的内容放在哪里呢？

内容管理系统是动态广告平台中的关键组件。有些网站的内容需要常常进行更新（例如一个电商网站要对新产品和价格不断进行更新）。而内容管理系统就起源于用于开发此类网站的系统和工具。早期的网页技术在内容需要变更时，往往会要求开发者去更改网站代码。而现在的网站平台都会建立一个内容管理系统，所以网站内容的更新不过就像内容管理系统更新素材那样不足挂齿。

在动态广告平台中，内容管理系统就是负责在素材需要在广告中呈现之前，将广告的元素都保存好。内容管理系统所能存储的素材数量没有限制之后，一个动态广告拥有数百个甚至数千个种类的信息、图像和视频等素材，是完全有可能的。

在广告平台的内容管理系统中，没必要存储所有会在广告中动态出现的素材。事实上，在大多数情况下，素材是无法预知的，因为它们就是动态产生并会自我变化的。例如，一家门店会有一个不断变化的产品目录（比如家电），最好的方式是对目录进行动态检索，而不是把它存在内容管理系统中。这样的素材常常被称为虚拟素材。在这种情况下，内容管理系统一般只保留了这些素材的链接，当需要的时候便可以随时调用。

内容管理系统会有一个基础的内容分发网络（content delivery network, CDN）。内容分发网络保证了素材能够在互联网上进行大规模的分发，因此也会被无延迟地快速检索到。这对动态广告来说是至关重要的。因为广告中的组件大多数都需要进行动态调用，若是没有这项技术，那广告便永远无法呈现。

内容分发网络是这样进行工作的：一个内容分发网络提供方往往在全球拥有成千上万个内容丰富的服务器系统。当一个广告发起素材请求时，它不会从某一中央核心位置调取，而会选择最近的某一边缘服务器。这样就把延迟降到了最低。这样的技术其实在网页出现之初就有了，并在实际操作中被各个网页用来缩短加载时间。无论网站的用户在世界的哪个角落，都能快速访问网站。边缘服务器也能不断和中央服务器或主机以及素材的拷贝件保持同步，从而保证主机的任何变化都能立刻在边缘服务器反映出来。

广告制作工作室

一个动态广告平台需要一个广告制作工作室来对广告进行排版设计并最终完成。不像传统的广告制作工作室基本依靠代码，现在的动态广告制作工作室则依靠组件。也就是说，不像以往先通过一堆代码来定义广告如何呈现，现在的工作室会安排广告中的组件，并通过它们的特性来对其所呈现的时间和方式进行定义。

动态广告的制作工作室通常会设计一个拖放的环境，使得组件可以进行上传和排布，而无须通过去写烦琐的代码。而用户界面不仅可以对组件的图层、动画以及行为进行设计编辑，还可以预览广告查看其是否在视觉上传递了广告的创意设计。对动态广告来说，这样的预览功能是很关键的，因为在现实中，不同的广告活动可能会有成千上万种不同创意的变体形式。这样的方式无疑确保了所有的版本都可被查看，甚至在需要的情况下一一审核通过。

一个广告制作工作室通常要确保各种各样动态或静态的广告组件能被自动标记代码，以用于分析。这就表明我们并不需要在这上面花费太多。而在之前的平台上，同样的工作则需要编辑广告的 Flash 代码，对每个组件都添加追踪代码来报告这个组件是否被点击。之前的方式不仅烦琐而且还容易出错，尤其要通过人力根据几百个、几千个可能呈现的不同创意变量，来对个性化广告标记代码，这确实是一件难事。

个性化广告的设计考虑

一个动态或个性化广告通常包含两套元素：一套元素不会随着用户的不同而改变，而另一套则会随着广告服务的用户的不同而改变。

在设计个性化广告时，确保设计中的每个元素都是独立存在的，从而使制作广告的过程不那么费力。但这并不代表我们只需要设计一个不那么吸引人的、死板的模板，而是通过分解元素再合并的过程，来使动态的组件能够和谐地出现在广告体验中。

在设计个性化广告时，需要将以下几点设计考量铭记于心。

一是注意整体的和谐性。因为一些素材会被动态放置，所以其余设计元素的形式需要和这些动态素材互相匹配，否则广告就会显得呆板与不和谐。

二是因为素材是动态改变的，所以尺寸和适应性就会受到挑战。以文本区域来举例，每段针对不同情况的文字长度都有所不同，那就要确保即使是最长的那段文字，也要能放在对应情况的分配区域内；同时还要确保即使是最短的文字也不能显得像一叶孤舟。同样的道理，由于不同横纵比的原因，如果不考虑图片的尺寸，就有可能使图片看上去像贴上去般呆板。而由于视频一般有固定的横纵比，所以视频似乎在动态的排布中问题不大，能够较完美地进行交换。

所以，再重申一下，一个良好的制作动态广告的平台能够发挥巨大的价值，是因为它能够真正帮助广告动态调整大小，并确保所有组件能够和谐正确地呈现。

数据信号集成

正如前文讨论的那样，个性化广告中的关键一环就是能够告诉广告平台应该对某一特定个体传递什么信息和素材的数据信号。而由于数据信号种类的广泛性，动态广告平台需要具备的一项重要能力就是能够整合各种各样的数据信号。

而获取和接受动态数据信号的方法有很多，有以下几种通用的方法。

- **API/ 网页服务 /URL 重定向。**由于 API 常常用于那些不断变化的数据，所以这些广告无法预先确定且在提交时需要进行查核。像是天气、地理数据、金融及股票市场的利率等都属于这类的数据信号。而如果使用了 API，那么 REST API① 或者 SOAP API② 就会传回 XML 格式的数据或是 JSON 形式的数据。而 URL 重定向则是一种更简单的整合形式，它援引了包含能够识别广告活动信息的 URL。URL 由数据源进行重定向，而重定向后就会包含广告所需的数据。这样的技术通常由数据管理平台用来反馈细分受众的识别信息。
- **Cookie 或追踪标签。**Cookie 和追踪标签通常在数据信号已经精确定位到一位用户时使用。因为它只会在用户进行了网页浏览行为之后才会留下，并不适用于所有用户。Cookie 可以用来记录用户的偏好信息，比如当用户购买产品时选择的颜色等。当用户访问网站时，这些信息都会被记录在 Cookie 中，这样广告就可以动态查看 Cookie 并提供个性化版本的广告创意（比如广告中汽车的颜色正是用户可能喜欢的颜色之一）。Cookie 通过“可追踪标签”来记录信息，而这些标签被放置在用户可能浏览的网站中，同时它们还可能被放在“容器标签”中。这种容器标签会一直留在广告主的网站上，用来动态接受其他可追踪标签。这也就意味着每次在网站设置新的追踪标签时不必对网站主页进行编辑。
- **广告标签信号。**在实际的广告服务环境和编程环境中，发布方的广告服务器或是数据管理平台常常能够在广告标签中为动态广告植入数据信号。而这通常是由宏指令来完成的。宏指令是数据服务平台或者发布方的广告服务器识别和以

---

① REST 是 Representational State Transfer 的缩写，它是由罗伊·菲尔丁（Roy Fielding）提出的，用来描述创建 HTTP API 的标准方法。——译者注

② SOAP，即简单对象访问协议（Simple Object Access Protocol），是一种轻量的、简单的、基于 XML 的协议。——译者注

值进行替换的。动态广告平台能够识别出那个值，然后将它作为数据信号和正确的素材进行交换。例如，数据服务平台常常会插入关于受众细分的数据来帮助它在动态广告中正确地插入素材。

存储、检索和管理动态素材 / 内容的技术

动态广告活动要求能够大规模处理和呈现成百上千甚至成千上万个素材。一般情况下，素材都是提前知道并可预先设定的，或者可以动态制作的。

例如，一家保险公司有一个关于代理人的数据库，而公司通过这些代理人的照片和地址，针对每一个提供广告的地区定制了广告。这些代理人的数量可能有几千个，而这些数据是不变的且可预先设定的（在广告发布前即可知道的）。

动态的素材是指那些直到某一事件发生后才能使用的。比如说，一个啤酒品牌可能会赞助一场沙滩活动，而关于这次沙滩活动的素材只有在活动开展后才能得到，而一旦活动结束这些素材又变得不相关了。这样的素材就完全是动态的，而且需要实时地进行上传和呈现。

即使对于那些数量很少的素材来说（比如不超过五个），在广告中使用经过硬编码的素材也存在很多问题。首先，广告本身会变得十分繁杂并且会引起加载问题。这对于要在移动终端上呈现的广告来说尤为明显。因为在移动终端，带宽的限制可能会让这个广告压根显示不出来。

而在之前提到的内容管理系统就是对这一问题较好的处理方式。内容管理系统会在素材使用之前就把广告需要的所有素材保存起来，并确保素材能够在需要时随时被调用。

动态素材可能会和一些特殊要求相关联，比如变更产品目录或真正的实时营销等。在实时营销中，将会利用刚刚发生的事精确且快速地制作出内容（比如之前提到的奥利奥的例子）。

对于这类动态素材或者不为人所知的素材，下文介绍的很多方法都可以将它们分发到广告中。

依靠信息流的素材

许多网站尤其是电商网站都有自己的内容管理系统。组织内部的内容制作团队通常使用的也是其内部的内容管理系统，而不是动态广告平台使用的内容管理系统。在这样的情况下，数据可以通过以下几种方法来实现动态传送。

RSS Feeds

RSS 指的是简易聚合（Really Simple Syndication）。这一标准已经被使用了很长一段时间了，为系统间的内容交换提供了一种快捷方式。这个标准本质上像一种“饲料”，通过这一标准文字和图片元素便可以由一个发布方（比如一个网站的内容管理系统）提供给接收方。而博客订阅这种方式和其他 Feed 的格式相比，虽然更加简单，略显不够灵活，但是有一个很大的好处——那就是两个终端在了解和呈现博客订阅的内容时不用再依据某个协议。换句话说，每个订阅的元素都会有一个图片、一段描述及一个链接，所以接收方就可以了解它们并呈现它们，而无须知道它们从哪儿而来。

RSS Feed 则可能是这样的：

```
<rss xmlns:feedburner="http://rssnamespace.org/feedburner/
ext/1.0" version="2.0">
<channel>
            <title>ABEBC</title>
            <link>http://www.hotelcalifornia.com/</link>
            <description>HCalifornia </description>
            <pubDate>Tuesday, 4 June 2013 19:00:00 -0400</pubDate>
    <item>...</item>
    <item>...</item>
    <item>
    <title>Room - 507.00 USD</title>
          <link>http://www.hotelcalifornia.com/specials/
          hotel-deals.mi</link>
          <description>
          <![CDATA[
          1 King, Sofa bed, Mini-fridge, Wireless Internet,
          complimentary, Wired Internet, complimentary, Coffee/
          tea maker, 32in/81cm flatscreen TV. Tax is:50.70
          ]]>
          </description>
          <author>HCalifornia</author>
    </item>
    <item>...</item>
    <item>...</item>
</channel>
</rss>
```

JSON Feeds

JSON（JavaScript object notation）是一项更复杂的机制。它使得更复杂的素材（如视频、动画等诸多元素）能够在系统间进行传输。JSON Feed 中的每个元素都是自我描述的元素。这些元素会记录下自己的一些特性以及这些特性的值，可能还有链接到每个元素的 URLs。这样的模型非常灵活，并考虑到了用来代表和传输个性化数据的各种各样的素材。

一段 JSON Feed 中的元素可能就是这个样子：

{"companyName":"Mona Smith Ins. Agency Inc.","phone":"(318) 235-3299","imageURL":"http://playercdn.jivox.com/assets/1_person.jpg","clickURL":"https://www.statesideinsurance.com/agent/US/LA/Monroe/Mona-Smith-N4HGB21H000"}

素材数据库

素材数据库可能就是保存着素材以及素材链接的文件或是包含素材的实体数据库。素材数据库对于聚合那些不支持 RSS 或 JSON、直接进行动态素材检索的老旧系统来说是十分理想的。

自从可存储的素材数量没有了限制，并在需要时可进行高效检索后，素材数据库也扩大了规模。通常，在处理了一系列素材和一些从品牌自有安全网站下载的描述文件后，素材数据库就创建成功了。这使得素材能够定期上传并确保了当时在广告中呈现的素材是正确无误的。

素材数据库通常要和 CDN（即前文提到的内容分发网络）架构聚合，以确保素材能够快速调取，并使素材在素材数据库中存储时不会引起延迟。

规则评估和执行

个性化广告需要进行逻辑编码，来指令每种创意或是动态信息都应该在什么情况下选择呈现。一条个性化广告实际上是三种核心元素的结合，详见图 18–1。

过去在制作个性化广告时，决定一条广告中应该呈现什么样的创意变量和信息的逻辑，都是通过每条广告分别进行编码来实现的。这一过程十分繁杂、耗时且容易出错，尤其是当规则十分复杂且需要对不同类别的广告分别进行编

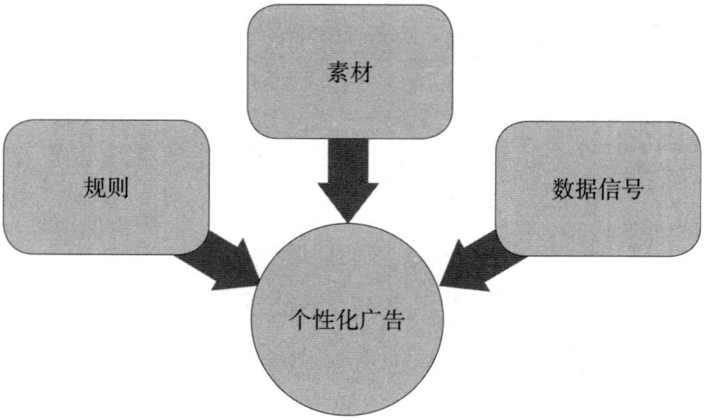

图 18-1　个性化广告执行

码时更是如此。第一代动态广告服务平台通常使用 Adobe Flash 编程语言来完成编码。不幸的是，这一过程不但低效和麻烦，而且尽管它曾经是确定浏览器间规则以及编码一种不错的方法，但当广告需要在移动终端呈现时就会出现麻烦，因为移动终端不支持 Adobe Flash 的编程语言。

现在的动态广告服务技术已经能够通过将规则从广告中分离出去来解决这一问题了。就像内容管理系统避免将所有素材经过硬编码置入广告中一样，一个动态的规则引擎会使当前的广告服务器创建规则，并将它们和广告分隔开来。每次在广告呈现之后，都会依据规则进行求值，之后规则就会根据数据信号来决定广告中具体需要呈现哪些素材。由于每次有广告需求时，规则都会进行求值且自身也十分复杂，所以这样的动态规则引擎就需要在数毫秒内来处理规则。

这种方法不仅使制作类似广告的过程更加简单及规模化，同时也确保了规则提升的逻辑和代码无须再依靠其运行的浏览器或者终端。因为规则直接在广告服务器的云端而非广告内部执行。

可扩展性考量

一般来说，动态广告活动都是比较大型的。而事实上，只有当广告活动面向非常多的受众时，进一步进行受众细分并为个人提供有针对性的信息才会有效。

因此，个性化广告服务平台需要进行海量的广告曝光，通常要达到数亿甚至数十亿。而对每一次广告曝光来说，数据信号都需要被检索和求值，规则需要根据数据信号来执行，而与规则匹配的素材则需要被检索并呈现在广告中。为了在网页上或移动端 App 中呈现广告，所有这些都需要在几毫秒内完成。

当下，我们在数据和无线网络上花费的时间越来越多，这就使得互联网链接和速度有点不可靠。当动态广告立法机构出现之后，其不足也会随之暴露。在接下来的部分，我们将会描述几种典型的不足及其补救措施。

API 响应时间及不足

无论是数据信号还是素材服务，在关闭时都会引发 API 失效。举例来说，当发起一个获取最新天气或地理数据的请求时，如果服务关停了，那么调用 API 的请求就会失效。如果这件事发生了，广告仍然会呈现出来，但是原本需要调用天气数据的部分就会出现空白。关于这个问题，很多先进的动态广告平台使用的解决方法是服务缓存。通过服务缓存，动态广告服务器就会保留一个数据信号的本地副本。这些副本也许不能保证是最新的，但足以保证在广告中正常显示。例如，如果实时的 API 请求失败了，那么就可以利用之前缓存保存下来的天气信息进行查找。

有时问题不在于 API 请求失败，而在于获得反馈需要花费的时间过长。总之，如果 API 请求没有在预定的时间得到反馈，那先进的动态广告服务平台便会短暂超时，之后服务器就会使用缺省值或者在缓存数据中寻找数据作为替代。

素材延迟

素材延迟问题强调了“用于个性化广告中的素材需要进行动态检索，所以动态广告平台必须保证素材的检索在预定时间内完成，以使广告能够正确地呈现”这一事实。

内容管理系统作为动态广告服务平台的一部分，为确保素材不会以硬编码的方式植入广告中和广告能够快速加载，提供了一种可扩展的方式。它只会加载将在广告中呈现的那些素材。

而内容管理系统本身也需要不断完善。它需要确保能够快速可靠地按照要求传送素材。这通常需要通过使用内容分发网络云框架来实现。内容分发网络通过可靠网络内的、位于不同地理位置的大量计算机之间分发内容副本来工作。这些边缘服务器保证了当有文件或素材（比如图片、视频动画文件等）请求时，它们会通过和用户最近的那台边缘服务器进行传送。例如，即使原始数据的物理存储中心在纽约，那么加利福尼亚州帕罗奥图市的用户也会立刻收到个性化广告中的图片素材。因为那张图片很可能就是保存在帕罗奥图市或邻近帕罗奥图市的服务器中、并通过其传送过来的本地副本文件。

另一个影响延迟的方式就是素材的尺寸。因此重要的是要确保素材能够以较小的尺寸保存下来，以便更快地进行加载，尤其是对于视频和动画文件来说。即使有了内容分发网络，大的文件尺寸也会显著降低广告及其组件的加载速度。视频文件尤其需要进行压缩，以确保在加载时将延迟降到最低。

匹配及规则执行

个性化广告需要许多不同的数据信号、规则以及成千上万的素材进行匹配，同时还需要决定在广告中传达怎样的创意信息。而所有这些通常都需要在少于 100 毫秒的时间内完成。

匹配数据信号或是 Cookie 或是其他索引数据的过程必须特别高效。试图在广告内进行这一过程的广告平台都已一败涂地，因为数据套正在变得越来越大。最开始，数据套需要被取回到浏览器中，之后又要依靠浏览器来完成匹配。而处理能力的欠缺会导致广告无法呈现，而这在移动终端上表现得尤为明显。

自从规则变得非常复杂，而执行又常常涉及查找和处理海量的数据——在大部分情况下这些都需要在几毫秒之内做出结果，规则执行也成为另一个需要进行规模化的领域。对于某些形式的数据来说，数据能够尽可能多地被提前处理，从而使配对处理就不需要太多的计算量。但当处理现实信号（如天气、地理 /IP 等）时，规则的处理必须如闪电般迅速。

出于同样的原因，在客户端浏览器上的广告内尝试执行规则的平台一般也会面临失败。因为在客户端浏览器中没有足够的计算能力来处理这些。

确保规则执行不要太过于复杂的方法之一是，在数据信号被展示给规则的同时，要去执行数据信号。这样的规则就只是一个简单的配对规则，而不是一个复杂的规则。这一点很关键，因为规则必须在广告呈现的同时进行计算和执行，而此时已经完成数据的预处理了，因此能避免额外的过度加工。

第 19 章

转化跟踪和归因

动态创意优化（DCO）——个性化广告的前身之一——曾经尝试搞清楚何种创意和信息的组合能够产生将用户转化为客户的最佳结果。作为 DCO 的结果，许多个性化广告的努力也聚焦于追踪个性化在转化上的效果（也称为归因）。

归因本身就是一个广泛的话题。对许多品牌来说，它涉及尝试衡量哪些营销渠道或媒体在将预期用户转化为客户方面能产生最好的结果。由于跨越诸如电视、印刷和数字媒体，以及数字媒体中的电子邮件、社交媒体、展示广告等媒介渠道来识别一个用户是很困难的（或者说不可能实现），所以这通常是说起来容易，做起来难。

尽管如此，在个性化数字广告的范围中，转化跟踪和归因是极为重要的，尤其是在有许多动态创意和信息种类的情况下。

在衡量个性化广告的效果时，测量和报告以下这几个关键的指标就显得尤为重要。

- **点击。**这主要测量的是何时用户通过点击一条广告来到品牌主页。注意，这比用户单纯地点击广告稍多一点。品牌想要了解一次点击是有意的——用户真正登录了页面，而不是由于无意点击后关闭页面。
- **浏览。**这项指标测量的是一个用户在看到广告后是否最终访问了品牌的网站或主页，比如通过谷歌搜索。这表明广告的确对用户产生了影响，尽管他没有直接点击广告。
- **转化。**该项指标测量的是用户是否到达网站并实际产生了特定行为——往往是购买。根据广告活动的目标，特定行为也可能是其他的。比如，对于一个 B2B 活动来说，可能是下载一本白皮书，填写一份指导表格等。

所有这些对测量动态广告效果至关重要的指标都需要在广告中的创意变量层面被测量和记录。换句话说，对于一个品牌而言，知晓何种特定的信息或创意组合会实现最佳转化的指标极为重要。许多动态广告平台，特别是第一代产品，没有能力在创意变量层面进行跟踪和报告，因为所有的跟踪和测量必须被硬编码进每条广告中，而这么做通常太过复杂和昂贵。即使能够被成熟的完成，这个过程也极其容易出错，并常常导向错误的结论。

所有的广告元素都是动态提供的，动态广告服务平台能够自动记录这些指标，所以当记录发生时，任何点击或阅览都会被标记上此时所提供的创意变量的信息。例如，当用户点击了一则广告，系统不仅记录其点击行为，也会记录其点击时所看到的动态创意变量。

为使这些指标正确运行，还需要另外一个步骤。动态广告平台需要有品牌网站的一小段代码，以便在用户发生点击、浏览或转化时给予平台提示。这是由一段叫作“跟踪标签”的代码完成的，它通常由广告服务平台产生。一个跟踪标签往往是一段 JavaScript 或 HTML 代码，需要被放置在网站上可能发生转化的位置。

这个过程一直以来都是非常复杂的。直到最近，大多数网站启用了“容器标签”，顾名思义是用来盛放其他标签的。网站需要做一些工作来运行这类容器标签。一旦完成后，来自任何广告服务器的任何标签都能够被容器标签上传并执行，从而避免了每次启动新活动时对网站进行更改的需要。容器标签在 Adobe、谷歌和其他供应商处都能买到，并极有可能已经在品牌网站上获得了。

一旦广告被提供给用户，跟踪标签就会通过浏览其 Cookie 记录来工作。这个 Cookie 记录包含了用来报告点击、浏览和转化的信息的跟踪标签。

在个性化广告中，归因是关于能够识别具有最佳转化指标的创意变量。这种归因跟踪常常由动态广告平台提供。然而，有时归因跟踪是被跨渠道（例如邮件广告、展示广告等）决定的，因此最好是使用特定的转化跟踪软件，该软件能够在不同平台使用，并通过 API 从动态广告服务器获取转化数据，并与其他渠道的数据一并记录，从而可以进行比较，以判定每种渠道在转化方面的表现。

第 20 章

个性化动态广告的最佳实践

本章展示了我的公司 Jivox（公司致力于开发为大品牌定制广告的技术）参与的几起活动的案例研究。我们将通过这些案例说明动态广告的各种实现方法。每一个例子都是独一无二的，无论是其使用的数据信号、规则和算法、动态素材管理，还是其带来的效益，以及整个过程通过对技术的使用所达到的规模。

虽然这些都是真实的案例，并且已经成功运作，广为人知，但我还是决定不去提及这些品牌的名字。

把握当下的酒品牌

酒总是与趣味和享乐联系在一起，为酒类品牌定制广告再合适不过了。饮酒可以和众多的社交活动联系起来，因此，当约翰·怀特（化名，后简称 JW）在开始定制个性化动态广告活动时，并不缺乏实现广告个性化和联系消费者的方法。

相反，这里的挑战是关于如何采取相关的数据信号，从而能够使广告定制变得更高效。

最初的挑战之一，当然是弄清楚该由谁来挑选数据信号，并制定用来定制广告的规则。大量讨论过后，我们得出结论，这必须是一场由创意团队、媒体团队以及动态广告服务平台提供商（即我的公司 Jivox）通力合作、共同努力的活动。

首先，我们提出了一些假设的数据信号并加以考虑，最终得出了以下五个观点。

- **天气。**一个创意是由天气联想到一个喝酒的借口。
- **运动。**目标是与每个城市的体育赛事联系起来，并在广告中提到这些赛事，从而使人们一想到这场比赛，就会想到 JW。赛事周边就是一种能跟比赛联系在一起的传播概念。
- **娱乐。**目标是与娱乐大事件联系起来——比如格莱美、奥斯卡、当地的音乐会，等等，并且把参与或观看这些娱乐大事件时喝酒的创意联系起来。
- **Twitter 话题。**目标是与最热门的 Twitter 话题联系起来，品牌可以通过提及每个人都愿意讨论的具体话题来引发大家的参与。
- **假日。**这里的想法是把饮酒和假期联系在一起，比如，“今天是 7 月 4 号，烧烤走起来，再喝一杯 JW！”

这些观点被提供给创意代理公司，它们将据此制定出一个框架，规定这些不同的数据信号和规则将在何时展现出不同的信息传达效果。代理公司需要在我们的动态广告服务平台上搭建这一框架。

我们已经总结出一些内部用的工作表，以便创意和品牌团队更容易地进行创意、审核并获得通过，其中包括为每一个数据信号所制定的多种多样的信息与视觉传达手段，并搭建出这里所列举出的情景。这些工作表已被证明，在确保每个人都清楚地了解产品使用的体验活动方面，所发挥的作用是难以估量的。你可以在附录中看到这些工作表的部分实例——“动态广告活动工作表示例”。

接下来谈谈数据信号的建立。一定的数据信号，比方说天气，可以直接在 Jivox 平台的应用程序界面中获取。因为这些数据已唾手可得，所以整个过程只需确认合适的天气触发条件。

至于有关运动和娱乐的数据，Jivox 的动态广告平台为运动和当地的娱乐活动搭建了一个海量数据库，并可根据它们的地理位置信息建立索引。这样一来，在确定用户地理位置的基础上，就能选中合适的运动和娱乐活动。这些体育活动包括超过 200 个全美橄榄球联盟赛事和 150 余个全美大学生体育协会赛事。而娱乐事件则涵盖了全美约 40 个主要城市。

Jivox 平台还搭建了假期数据库。它包括了全美的主要节假日。

有了这些数据库和索引后，创意团队只需将它们表达出来就好了。

动态创意形成

在使用 Jivox 工作流工具确定数据、规则和信息传达方式后，动态创意就形成了。

每一个数据信号或规则的组合都会产生不同版本的广告。由于数据信号和规则变化多端的组合，总变量最终会有 3000 多个。

为了使这一过程变得更加可控，Jivox 平台支持“资产组”。“资产组”是一套可展示的资产（如图片、文案、动画和视频），在某一个规则被评估通过后，这些资产就应该在广告中被呈现出来。

只要搭建好了这些资产组，就可以在动态广告规则用户界面，对规则进行编码了（详见图 20–1），从而使这些规则界面无论多复杂或多简单，都能十分容易地详细描述规则。用户不需要编写任何代码，任何没有编程基础的人都可以轻松驾驭。

我们的用户界面除了能提供预览功能外，还能帮助检测设定的规则、数据信号和素材，以确保一切都能与预期的一样顺利进行。预览工具能使用户浏览到所有的动态创意变化，在广告发出之前对其予以确认。

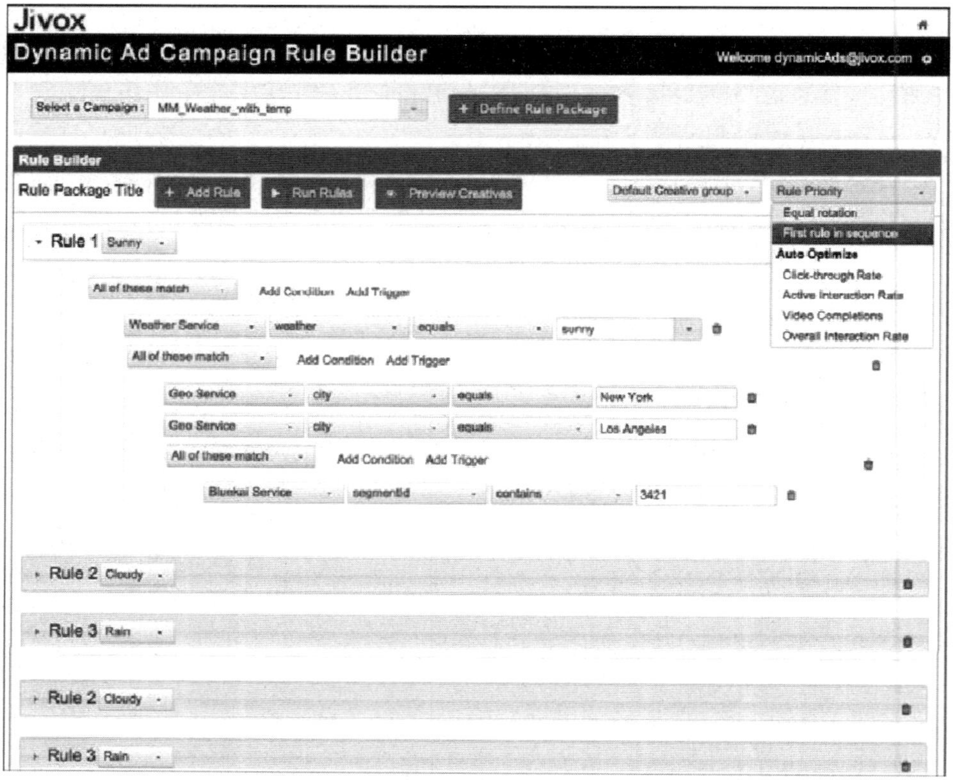

图 20–1　动态广告规则用户界面示例

一旦所有的预览结果都被确认通过，整个宣传活动就准备就绪了。整个宣传活动含有 3000 种变化的广告只分四个标签发布出去，每一幅的分辨率分别是 300×250 像素、720×90 像素、160×600 像素和 300×600 像素。这些宣传活动主要都是在程序化平台上进行的。

测量和优化

判断一场宣传活动是否成功的主要方法是看品牌的提升以及广告本身的受众参与度数据。Jivox 平台能自动地把每一个素材和素材组标签化，这样互动率、点击率等都可以通过这个方法被记录下来，从而就能很容易地辨别出哪个创意变化表现得最好。

关于品牌提升度的研究将提供富有价值的洞察，这些洞察告诉我们这场宣传活动对于提高用户品牌意识所具有的影响，并说明这场宣传活动是如何影响消费者购买决策的。

投放效果和应用前景

这场宣传活动是关于定制广告较为复杂的一个例子。大量对于数据信号和创意转化的使用，使广告有了一个非常个性化的定制版本。例如，如果你住在西雅图，那里天很晴朗（这在西雅图是很少见的），这时刚好有一则广告，画面上是升起的太阳，标语则写着："今日天气预报：22℃，晴。乐享 JW。"如果海鹰队正在比赛，而此时正好有一则广告写着："支持蓝色、绿色的人们，赛后我们一起去喝 JW 吧。"

尽管需要推送出 3000 多个变化的创意，但整个过程只需两周左右的时间就能完成，而且这场活动所提出的测量标准，被证明在优化宣传活动上，具有非常重要的价值。

至于 JW 和其他饮料品牌的未来，如果它们所赞助的活动能被整合到定制广告中去，那将变得非常有影响力。例如，如果一个品牌打算赞助某赛事的一场比赛，那么影像、视频和采访等的连续镜头就可以在定制广告中被呈现出来。

这次宣传活动没有使用到任何用户信息，而这正是定制化广告得以更好发展的切入点。例如，它可以更好地为已知的体育爱好者提供体育相关的信息内容，特别是当用户信息被细分到能够具体呈现是哪些人群喜欢棒球、橄榄球、足球等时。如此一来，品牌就能够将特定体育信息传达给某个个体，而不是将所有的体育内容分发给所有人。

这场宣传活动的成功为媒介代理商绘制了一幅理想的蓝图，使得媒介代理商们可以通过数据为它们所服务的其他品牌也打造出类似的宣传活动，并为这些品牌运作定制广告。

最懂你的保险代理商

通常保险公司都有特许经营权来销售它们的服务。而保险代理商都是由个体所有，经保险公司授权各自开展业务的。除了提供签署保单和其他服务外，保险公司还为这些代理商提供营销服务。

营销服务是要向每一个代理商收取费用的。代理商们通常都会有它们自己的网站（有时会从保险公司的网页上跳转到品牌位于本地的网站页面上），并且每一个代理商都会在当地市场建立属于它们自己的品牌，和房地产代理商的做法一样。

除了建立一个主品牌外，保险公司还有责任为每一个代理商做好引导，并为其带来生意。因为代理商为此是向保险公司付了钱的，它们希望在自己经营的当地有展出的定制广告，这样当人们对保险产品有需求时，就知道该去哪里了。

在全国保险代理商上下功夫，策划一场动态广告宣传活动，从而使得其旗下的每一个代理商都有一个个性化的展现。这很好地展现了定制化广告是如何通过正确的科技手段来大规模推广的。

这个挑战包括了要创造出一个能使 1500 余家代理商的个体细节信息都能在每一个广告中传递出来的宣传活动，这样地方代理商们就可以利用全国广告品牌的知名度来建立地方品牌了。

与其运作 1500 多场宣传活动，保险公司更想因地制宜地只策划一场提供给每个地方代理商的宣传活动。

为了更有效地实现这一目标，广告必须针对 1500 余家代理商的信息进行定制，包括定制它们的图片、地址、电话和各自的跳转页面。

同样重要的是，各个代理商要有能力观测其投放媒体的关注程度（即记录对创意广告的反应），同时它们也应跟踪各自网站上的点击量。

显然，最终的解决方案不在于创造 1500 多个广告，对它们进行逐一测试，并保证每则广告不被误解，让各代理商各取所需，而在于希望使用 Adobe Flash 编写一个模板，然后读取媒体素材，并在广告中将它们呈现出来。这听起来可能很简单，但问题是，影像、文案和其他由每一个代理商发出的媒体素材都是不同的，因此广告也就因有些媒体素材和模板不协调而不得不重新制作。另外，广告的加载和输出也存在问题，大量的时间需要被花费在媒体素材的匹配上。更糟的是，由于缺少一个健全而完善的内容管理系统，因而在取得媒体素材和加载广告的过程中经常会出现延误。

使用 Jivox 动态广告平台将帮助解决所有问题。因为一旦设计好了一个虚拟素材的布局，所有的真实素材就会通过一个素材数据库动态地对号入座了。动态布局的能力使我们的平台能够重新调整媒体资产的大小，并使它们每次都能在正确的时间输出，而且每个网站的点击量也会通过媒体素材数据库被动态录入。在这个虚拟布局中，追踪点击的能力使 URL 点击每次都能进行动态调整，这取决于广告被呈现的地点、代理商的媒体素材以及 URL 点击需要在广告中使用的地方。

在运行时间内，广告能够很快地提供媒体素材，这是因为这些素材是由它们自己的内容分发网络从内容管理系统中提取出来的，从而确保将资产发布的延迟降低到最低程度。

在广告活动中的项目媒体采购平台用于确定数据信号，这些信号在初期将决定何时更替代理商的创意广告。广告活动刚开始时，各代理商的活动都作为广告主（即需求方平台，DSP）旗下的广告活动单独存在。因此，广告主唯一要做的就是替换广告标签中的宏，以此向动态广告平台（Jivox）提供匹配每家代理商资源所需的直接索引。这一策划可以借助 Jivox 动态广告算法用户界面达成。

投放效果和应用前景

对于这次宣传活动的第一次尝试早在我们介入前就开始了，当时使用的是这些模板的用户编码。正如上文提到的那样，这种做法存在许多问题。要想让整个宣传活动正常运作起来，这一过程既昂贵又费时。而通过 Jivox 动态广告定制平台来重新部署这个活动，却只需花费两周的时间。这主要是因为这个平台是为这类宣传活动量身定制的，它显示出了运用好正确的科技平台，能使整个宣传活动达到怎样的速度和规模。

未来的机遇是整合数据（比如从第三方整合采购数据），这样就能根据特定的保险产品定制广告，并呈现给与此产品有关的用户了。比如说，汽车、房产等网站的数据可以用于预测市场中求购新房的用户情况。这些数据也能用于定制特定保险产品的广告体验，使得产品更为有趣，而不只是介绍本地代理商。

这些也适用于其他险种。房屋保险往往需要根据房屋的每次买卖进行调整，每次调整也都意味着财产状况的转好或恶化。经济状况改变的投保人可能通过改变险种来调整支出。因为买卖交易可能会反复出现，会不断评估投保需求，所以要赢得此类客户，时机至关重要。因此，使用家用住宅购买研究数据研究其表征，比使用销售数据更为关键。

天气数据也可用于预测人们何时更有可能考虑购买与天气相关的保险产品。雨天时，人们往往更担心洪涝，会考虑购买这方面的保险。

保险广告同时可以根据本地交通事故和盗窃犯罪数据进行定制。例如，知道本地近期入室行窃的情况，可能会促使用户为自己的贵重物品投保。同理，知道本地交通事故的情况，有可能会促使用户重新评估车险情况，希望降低免赔额。

汽车购买数据也可用于保险广告的定制服务。例如，购车数据同样也是车险购买的早期信号。因此，使用汽车网站或数据管理平台上的潜在车主数据，将很好地帮助保险公司为首次购车者定制车险广告。这是吸引车险投保者的黄金时期，因为大多数车主在第二、第三次投保时会坚持选择当前的保险公司。

投保需要和预算也会随年龄而变化。例如，学生在首次购车投保时通常会十分关注预算，因此给他们的信息应当强调价格和节约成本。成家立业的人往往更多地关注车险保的范围与安全，往往不那么关注价格。类似地，即将退休的人投保情况则有可能完全相反。

全球酒店连锁的个人定制

消费者在订酒店前往往会在网上搜索，然后在有折扣的网站上预订，也可能会预订其他竞争对手的连锁酒店。某全球酒店连锁品牌希望能够利用好其在互联网上的数据。

公司的目标是根据自家网站上用户的活动，收集用户偏好，并使用这些数据个性化定制公司的全国广告投放。

当用户浏览品牌的主要网页时，他需要通过搜索或其他方式找到自己计划到访地点的、标价合理的酒店。这一信息会被记录在用户浏览器的 Cookie 中，因此该品牌的全国广告宣传可以参考这些数据，依照用户个人偏好来定制广告。

定制还可能更进一步，不仅仅向消费者展示网站上浏览的酒店信息，还可以动态提供某一分店特惠的信息。连锁品牌希望能借助这些特惠信息吸引消费者订房。

为帮助品牌个性化定制广告，广告设计上应出现消费者在网上看到的酒店图片。这将会勾起消费者对酒店之前的视觉印象。广告同时还应当有一系列分店专门的特价优惠。

本案例的数据信号仅仅是消费者 Cookie 中记录的酒店优选。通过使用

Jivox 动态广告平台的数据引擎，这些临时数据将简单可读，动态规则引擎也将可以使用这些内容进行资源和信息的匹配，为某一分店向消费者投放广告提供服务。

只要建立了匹配规则，Jivox 动态广告平台上会为每一分店的资源定做资源数据库。每一个数据库将涵盖分店的图片和相关信息，并配有链接，供消费者点击。通过动态简易数据聚合源，广告上会呈现特惠信息，并且这些特惠信息都是最新的。这一数据聚合源也将保证所有旧的优惠信息不再有效，更不会在任何广告中出现。

每一条投放的广告上的图片、描述和链接都必须根据投放的对象定制。此外，对于特定分店的特惠信息也应当展示到位。如果消费者点击了其中任一特惠信息，那他将转而访问酒店页面，并可以在页面上预订特价房。

投放效果和应用前景

在这个案例中，一整套关于动态影像、描述、对于用户浏览器的临时文件的追踪标签，以及动态简易信息聚合都是在两周内完成的。若要为整条链上的顾客提供定制广告服务，那从有关用户酒店偏好的网站上得来的数据信号还仅仅是一个开始。未来的发展趋势还包括使用第三方的剖面数据，从而确定该旅行者的预算范围，进一步提供与其相吻合的价格范围的酒店。此外，如今与每个个体旅行模式有关的数据也开始变得易于获得，并且可以用来提供旅行者们在各个城市里常去或有意去的地方。

这种定制能力的增强，在未来将会使连锁酒店能够在其拥有的其他资产上的销量也获得提升，比如假期房屋租赁和公寓分户租赁。为了增加这些产品的销量，其他关于目标消费群体经常去的地点的数据、人口统计数据（如家庭规模）、资本净值评估数据等，在决定哪种产品更适合本次增销的过程中，都十分具有意义和价值。

在酒店自有资产内进行增销可以说是一个很有趣味的主张（比如一次水疗、酒店里的晚餐等）。当地理定位数据可以帮助其确认在目标受众正处于或邻近酒店的某处地产时，一个定制广告会突然出现在该受众面前。

连锁酒店所拥有的忠诚会员还可能会有一些特别的动机，他们可能会被刺激使用积分来获得所预订酒店的便利设施。

酒店还可能从第二方数据中获利。也许通过和航空公司以及汽车租赁公司进行数据交换，就可以大大提高它们对客户信息的掌握情况，从而使它们能够更精确地找到需求点，并且确保它们所获得的信息正是顾客在这个市场中所要寻找的。

如何追踪一支足球队

不得不说追踪一支足球队有时是一个令人气馁的活儿。每一场比赛通常都是在整整 90 分钟里精彩不断、毫无喘息之时，而结果往往也是完全不可预测，就像在 2014 年世界杯中所看到的那样。所以如果有一支球队想要为它们的比赛做完全动态和定制的广告的话，那完全是说得通的。

为此，每一则广告都得变化，这取决于哪支球队即将上场，比赛在哪儿举行。

广告本身需要有一个皮肤来匹配球队以及下一场即将出场的球队的代表色、球队的标志以及每支球队的明星球员的影像。

赛季正在进行时，每一场比赛后的几个小时之内，所有的媒体资产都要在实时直播广告上进行更新。

我们已经和创意团队在整个工作流程上达成了合作，所以这些媒体资产一旦成形，就可以马上被交换到实时直播的宣传活动中。Jivox 动态广告平台的版本控制系统，能够让品牌和创意团队在更新直播宣传前预览广告效果。品牌团队对预览效果表示了认可之后，只需按一下按钮，就可以把这些媒体素材投放到直播宣传活动上了。

这一系列的广告活动是通过需求方平台在程序化环境中运行的，在这六个月进行的多场比赛中均使用相同的广告标签体系，并且所有的预设和更改都是在 Jivox 广告平台的内容管理系统中进行调试的，因此不需要劳烦广告主做出任何的更改操作。

投放效果和应用前景

当用户们看完比赛坐到电脑前，就会惊奇地发现这些广告已经准确知道下一支出场的队伍是谁，因此这次广告活动吸引了大量的用户积极参与。

伴随着体育赛事中的广告活动，会有许多的内容被生成。这些广告活动会伴随着即时的比赛结果和最新的赛事预告获得尽可能多的曝光。同时广告中的在线购票和实时的余票监控功能，也会让那些有拖延症的用户们因眼看所剩无几的余票而感到慌张，从而会抢在余票售罄之前购买比赛的门票。

对于运动赛事系列来说，从比赛现场传来的画面录像同样也是广告活动一个强劲的流量入口。赛事本身在这个过程中同样受益，广告活动会吸引不少新的观众前来观看比赛。如果把用户参与时长作为广告活动成功与否的衡量标准，那这种广告形态无疑会完胜其他形式的广告。

体育赛事也可以和很多其他的品牌进行合作，比如酒精饮料、功能饮料、体育用品等。如果你曾去过加利福尼亚州的斯阔谷（Squaw Valley）滑雪度假村，那你所见到的，除了在雪场上竞相追逐、抢上缆车的滑雪者外，还有载满了红牛和怪物（Monster）饮料的肌肉车（大功率高速中型汽车）、张贴着汽车和体育用品平面广告的各类帐篷。其他相关的产品也可以借此进行数字化营销。来自红牛、怪物、汽车等品牌广告可以通过人们的滑雪路径等地理数据形成动态定制广告内容。这样，双方都可同时受益，斯阔谷滑雪度假村可以获得更多前来滑雪的顾客，同时这些顾客也会很乐意在斜坡上歇会儿，并喝上一罐红牛。

这种类型的广告当然也可以嫁接到各种各样的体育项目中，并可以通过用户个人资料中的相关信息获取用户最喜欢的体育项目，为他展示特定的广告内容以促进顾客更高的参与度。

登场时间到

虽然娱乐品牌通常有着大量的节目内容，但由于时间限制、时效性，以及节目审核的周期，它们很难意识到这些内容一旦投入到广告领域中，就会产生更大的价值。

我们曾经和一个娱乐品牌合作过，它们习惯于对广告素材代码进行手动编辑，而它们往往只有几个小时的时间来整合新的视频和广告素材。问题是，它们总希望用多个广告来为节目首播进行宣传，节目首播当日的预告和播出之后的回顾应有所不同。这种传统的人工编辑总是伴随着很多的麻烦，并且即使编辑能及时完成，一旦需要关键信息的交换被替代，就会十分难办。

其中有一个关键因素是，各种各样的广告必须为每种不同变化的背景信息分别做出相应的广告创意，例如，如果忽视了观众所处的时区，就很容易出现错误的信息传送。比如说，首映当天的广告语应是“今晚首映，不要错过”，而在首映的前一天则应该是“万众瞩目，明日开播”。然而，在晚上 9 点到午夜 12 点之间，这时美国的不同地区都在同一天，因此相同的表述都是正确的。

由于技术落后，开发广告需替换全部的广告素材，一次只能传达一种非此即彼的广告信息，这便是问题的症结所在。然而在 Jivox 动态广告平台上，广告素材可以通过“时间表数据服务”编码以及用户的本地时区，来换算成准确的当地时间，并通过内容管理系统进行相关的信息交换。在这个平台上，包括文字、视频、动画在内的各种不同的广告素材都可以被存储和使用。这就使得广告团队能够在平台上预先做好所有的设定，从而在平台自动完成广告主所需的素材信息交换时好好睡上一觉。

我们的动态广告平台可以完成简单的素材交换，例如节目中的视频素材。

投放效果和应用前景

这一广告活动在各个平台商大显身手，而且是在电视网络中应用最广的广告活动之一。同时把这种动态功能应用到移动端设备还是第一次（从之前的广告活动来看，Adobe Flash 技术在这一领域显示出了其短板和不足）。

娱乐品牌有大量的节目内容生成，且内容具有很强的时效性，因此动态和个性化广告与娱乐品牌息息相关，动态广告平台快速使用媒体内容的这种能力对娱乐性品牌而言，显然是很有价值的。

娱乐品牌也在找寻提高收视率、入场率的方法，即试图真正有效地促使人们在电视上观看它们的节目，或是直接去剧院或秀场观看它们的节目。这时，个性化工具不失为一种好方法。例如，通过使用地理数据在地图上展示当地剧院的位置，用户甚至可以从广告链接中直接购买演出的门票。

因为对于电视收视率而言，同一个电视节目要想在各个不同的有线电视网络、频道同时播出，那你所面临的挑战就是如何引导观众进入某一个特定的频道去观看。现在，有了个性化技术，电视节目时间表的数据可以被用于为每一个用户提供广告信息，这样用户就能通过点击广告观看该节目，前提是这个用户在有线网门户注册过或者经过验证之后。大多数有线电视服务提供商同样也是家用网络服务的提供商，所以会允许通过网络调用一个网络硬盘录像机。

社交媒体营销在娱乐领域也意义重大，而且结合了社交的广告活动通常会创造出更高的用户参与度。

在娱乐品牌才刚刚意识到动态个性化功能在广告领域的应用时，人们早已开始通过社交媒体去和他们的粉丝们进行实时沟通了。

在 2014 年巴西世界杯足球赛德国大胜巴西的那场半决赛中，粉丝们一共发了 3560 多万条推文，这个数字超过了以往的任何时刻。从那之后，在德国战胜阿根廷赢得冠军时，人们又发出了 3211 万条推文。有趣的是，人们不仅是发了推文，也通过 Twitter 创造了许多有趣的内容并分享给了更多的用户。

品牌就是需要通过这种形式才有可能和 3000 多万消费者完成沟通，当然，我不是说品牌应该耗费大量的资金去购买 Twitter 的广告。我的意思是在那个时刻，品牌应该利用所有能触达的媒体，以及那些可能已经购买过的媒体，紧跟赛事热点进行实时的借势营销。

把社交媒体上的流行话题和娱乐创意结合起来，是引起人们共鸣并创造参与感的一种好方法。我们已经制作了一些娱乐广告，消费者可以和这些广告通过 Twitter 实时互动并将 Twitter 的内容返送到广告本身。当然，我知道这样肯定会有很多营销人表示拒绝，他们绝不希望让用户所发的推文内容出现在关乎品牌形象的广告上。

当另一个品牌找到我们，表示要做一个通过 Twitter 直播的广告时，我们了解到了这种方法在应用中的困难。这一开始听起来像是一个不错的主意，直到我们接到一个电话，电话那端表示我们的活动正面临下架，因为有用户在 Twitter 上发布了与种族歧视相关的内容，并通过广告展示了出来，造成了不良的社会影响，这让我们十分恐慌。我们从中也认识到，我们需要建立实时的审核系统，让市场管理人员可以使用手机应用来审核每一个被返送到品牌广告本身的推文，从而让品牌在保证推文真实性的情况下，避免某些推文引发不良影响并带来公关危机。

天气信息也是电视节目市场营销的一个重要因素。例如，“外面下雪了，是时候去看看《现代家庭》了”这类广告模式就可以赢得更多的观众。我们通常不会有意识地去思考这些因素，但我认为我们可以做一个关于我们观影习惯的分析，去了解一下诸如天气和其他因素是如何影响我们的行为，并促使我们去观看特定的电视节目或电影的。

为你量身定制的个性化汽车广告

购车是一个非常个人化的决策过程。如果你询问五个人他们为什么恰好购买了同一款汽车，那他们可能会给你五种完全不同的答案。答案可能是“这车开起来动力十足”，也可能是“它看起来很酷”“它有很大的存储空间”“开这辆车很安全”以及“这个价钱很公道”。所以个性化对精通移动端动态投放的广告人来说，无疑是一个大好机会。

我们曾和一个高级汽车品牌合作，为该品牌的目标消费群体中的不同细分受众群提供五种不同的标签系列。该品牌瞄准了千禧世代的年轻人，他们在思想上开放独立，并且是社交媒体和移动终端的重度使用者。

这个汽车品牌了解到人们购买汽车的各种原因，并且基于各网站本身特点投放了精心制作的相关广告。例如，在CNN Money.com上投放的广告描述了汽车的理想方面：成长、成功和领导；而在wired.com和名车志网站的平台上，广告则着重刻画该品牌作为超级跑车的各种性能指标；在诸如Esquire.com和Glamour的网站上，广告更是谈到了汽车的“性吸引力”。

这也是第一个在Instagram上展示来自用户的图片动态的广告之一。它开辟了另一种使用动态内容吸引用户眼球和情感的伟大方式。

投放效果和应用前景

这次广告活动对该品牌非常奏效，被贸易媒体界誉为最成功的汽车营销之一。最终活动因汽车被迅速售罄而不得不终止，该品牌的销售额在历史上第一次超过了其竞争者。

这是最早真正应用了动态功能的大型汽车品牌广告活动。当时可用的技术还非常有限，所以能够完美地执行这次广告活动已是相当了不起了。

汽车这个品类本就很适合个性化的营销方式，汽车的个性化营销可以考虑从以下几个角度入手。

- **网站用户信息的个性化。**大多数汽车网站具有非常广泛的产品信息和个性化数据。当顾客来到特定网站浏览产品时，往往就可以看出他们喜欢的汽车类型。而且顾客在挑选汽车的颜色等具体特征时，我们同样也能获取非常有价值的信息，并应用到广告的个性化当中。
- **人口统计特征和个人资料数据。**在购买一辆汽车时，不同的人会使用完全不同的决策标准。男性和女性采用不同的思维方式，不同年龄的客户考虑的因素也不尽相同。例如，在挑选一辆 SUV 时，女性客户可能关注的是汽车的空间大小、脚垫的质量好坏和安全性，而男性客户可能更加在意汽车的音响系统、发动机和电子性能。当然，他们并不是忽略了其他因素，而是一个人在家庭中的角色经常决定了他看事物的角度。

- **天气信息**。天气是一项重要的数据，它可以非常有效地用于个性化汽车广告。假如你住在加利福尼亚州，在一个温暖的日子里，你可能会想到拥有一辆汽车会更方便去海滩。而在一个寒冷的日子，你可能在思考去哪儿滑雪。基于天气改变广告的皮肤（皮肤颜色）和所包含的元素可能会对情感联系产生巨大的影响，这甚至会直接促成消费者的购买决策。
- **地理信息**。尽管 eBay 和其他购物网站的网购模式获得了巨大的成功，但大多数买家在购买一辆汽车时，还是会想要先亲身试驾一番。这时候，根据用户的 IP 地址或 GPS 坐标制作个性化广告，帮助用户知道最近的经销商所在的位置，比如告诉客户最近的经销商碰巧就在他家去杂货店的路上，这就有可能直接引导客户光顾经销商的线下门店。
- **用户行为数据**。汽车买家大多倾向于在购买之前做很多的调研。他们通常会访问几个相关网站，像是名车志、去阅读汽车的相关评论，抑或是登录凯利蓝皮书的网站 KBB.com 去比价，去品牌网站了解汽车的功能测评等。用户的这些行为数据都是购买的信号。大多数需求方平台会提供根据“购买者意向”划分的细分受众群。这些数据在向个人推送个性化广告信息时非常有效，通常可以基于消费者可能处于“购买漏斗”的阶段来做到这一点。例如，如果有人仅仅是研究汽车的特征，那他可能处于考虑购买汽车的早期阶段，但是如果他已经在浏览 KBB.com 了，那他就很可能马上决定要买了。

汽车品牌必然会从个性化广告营销中受益良多。汽车品牌是最早接受动态创意优化的品类，由于大量的广告需求，它们需要以某种方式提高平台的性能和各项参数，尽可能引发消费者共鸣的因素。略有遗憾的是，这种做法会将太多的精力放在动态创意上，而不是真正从数据和信息出发，并基于对消费者行为的了解来推送更精准的信息。这显然不够明智。

电信运营商所承诺的选择

为了抵御如奈飞和亚马逊等视频点播服务的竞争，有线电视公司和卫星电视提供商终于开始解除捆绑产品，而不是通过强制顾客使用“数百频道服务”的高昂月费来要挟客户了。如今，电信公司不得不进行单个产品或子打包产品的营销推广。从营销角度来看，这是个性化和数据变得愈加重要的具体体现。

电信公司在某些方面比其他行业有明显的优势，毕竟它们掌握着大量的用户数据。然而，它们也是所有行业中最受监管和审查的，因为它们倾向于在其经营的地区享受垄断带来的利益（卫星电视提供商除外）。因此，它们必须谨慎地使用所收集到的用户数据。

我们与电信公司合作销售其附属产品。主要的数据来源是电信公司网站上的用户活动。网站上的跟踪标签用于记录用户浏览了哪些产品，这样用户在浏览其他网站时就有可能看到根据历史记录为他推荐的个性化产品广告。

我们有能力解决电信公司在个性化尝试中曾面临的以下挑战。

- **难以更新创意变化。**正如本书其他部分所述，由于传统的富媒体平台的编码环境所限，任何需要改变创意的情况都必须有 Flash 程序员参与其中。这种冗长的测试和审批周期，使平台的快速启动和运转成为泡影。不过，使用 Jivox 动态广告平台，只需在内容管理系统或信息流预设中更新配置，就可以投入到动态广告活动当中，从而消除了此类更新所带来的冗长的交付时间和相关成本。

- **信息报告失败。**广告活动的主要目标之一就是跟踪每个广告素材在信息置换中的转化情况。这是一个很难解决的问题，因为所用平台无法将广告素材变化的信息动态传递回报告系统中。这就意味着广告必须使用跟踪代码进行硬编码，这往往会导致错误和不正确的数据反馈到报告和转化跟踪系统中。
- **移动终端不适配。**在移动设备上，这种个性化无法运作有两大原因：第一，广告素材由 Flash 编码，因此无法在移动设备上呈现；第二，在移动设备上放置和读取 Cookie 的缺乏或困难导致转换（尤其是跨屏转换）无法被正确记录。我们的解决方案则是使用 Jivox 的跨屏虚拟 Cookie 技术来桥接跨设备的用户活动。

投放效果和应用前景

电信公司越来越像多品牌零售商，它们必须承载各种产品，并通过个性化的广告提供给用户，以便用户能够得到他们可能感兴趣的产品的相关信息。

电信运营商实施个性化广告有以下几个机会点。

- **竞争性广告。**大多数电信公司都拥有竞争对手的 IP 地址数据。例如，Comcast 掌握着 AT&T 公司拥有的 IP 地址。这些信息可用于在广告中定制特定的定价包，以吸引用户更换套餐。
- **基于个人档案的个性化。**仅使用网站数据的个性化有着明显的劣势，它不包括任何没有浏览过网站的用户数据。比如，不是每个 NFL 球迷都会去 DIRECTV 的网站浏览体育资讯。而根据来自合作平台的第三方或第二方数据却可以判断出某人是否是个足球迷，因此也可以向这样的用户提供 NFL 套餐。还有其他用户可能是足球迷，对这些用户，就可以替代性地向他们推荐足球套餐。
- **地理和语言的个性化。**如果想要吸引不同的民族人群购买语言安装包，那网站数据的作用就微乎其微了，因为许多人根本不会浏览电信公司的网站。相反，使用地理和语言人口统计数据，广告可以被个性化地向特定地理区域的人口集中推广特定语言包（例如，西班牙语、印地语等）。

在电信世界中，有线电视公司面临的竞争最少，因为它们是受到监管并且处于垄断地位的（至少在有线部分的业务如此）。卫星电视公司也没有太多的竞争者，因为启动卫星电视公司需要大量的资本投入。然而，电话运营商，特别是移动运营商会面临着最激烈的竞争。那些不具备垄断的服务（例如宽带接入、媒体服务等）的公司现在都必须直面来自互联网的激烈竞争。现在已经不是过去一家电信公司可以通过法律或者申诉手段，来投诉其他电信公司，以争取自身利益的时代了。

移动运营商的手机销售是竞争最激烈的领域之一。这些公司几乎每天都在不断推出独家定价、特殊优惠、折扣等。一家大型广告公司的产品总监告诉我，他曾接到大型移动运营商客户的电话，客户看到竞争对手刚刚推出了一个 iPhone 的特别促销活动，希望它们所有的广告立即更改为一个新的主题来应对竞争者。他不禁感叹，当客户说立刻就真的意味着立刻，它们也必须立刻做到。

接下来发生的事情就印证了动态个性化广告技术应用到未来营销领域的迫切性。当客户要求这个产品总监立即更换广告时，他不得不电话联系几个 Flash 开发者（他实际上已经召唤过他们很多次），要求他们熬夜赶工，去编辑和更改几百个横幅广告。而这一切要通过 QA 部门并在第二天早上之前完成上线显然是不可能的。随着客户端每隔几个小时一次的调试，他们就慢慢地编辑完几百个横幅文件，等到全新广告上线，已经是几天后的事情了。

过去的广告策划流程是先想大概念，再做媒介策划（有大量 Excel 电子表格交换），然后构想创意，最后编辑和审核。现如今，一个策划周期需要在几个小时内而不是几个月内完成。在这样的情景下，传统的策划流程显然是行不通的。以往的媒介购买方和创意方都没有这种技术，而如今我们同时拥有了这两种技术。我们相信，这是一个改变广告市场的重大机会。

第 21 章

个性化广告所涉及的个人隐私

个性化广告早期遭受到的最大批评就是爬虫，许多人将之描述为“跟随你”，密切地了解你的在线行为和浏览内容。对于尝试使用信息为消费者提供更好体验的技术和方法而言，这一直都是极具挑战性的。

最近发生的一个事件说明了这一点，涉及受人喜爱的、但有时也被斥责的叫车服务商优步公司。优步公司的一位总经理将接受记者的采访，当记者走进优步公司的办公大楼时，她立刻发现那位总经理正走下楼梯，仿佛他知道她到达的确切时间一样。实际上确实如此。他非常骄傲（但也缺少良好判断）地告诉记者，他之前一直使用了优步一个叫作 God View 的软件追踪她的足迹，而这个软件使用了与方便用户叫车时使用的相同位置信息。

在这个案例中，技术通过使用用户位置而将用户叫车变得十分便捷高效，却被不当地用于追踪所有的人和物，比如这名记者。试想，如果你使用优步应用程序，呼叫离你最近的司机并告诉他你所在的位置，而不是允许该应用探测并使用你的位置信息来指示司机找到你，那就会产生麻烦。我确信，几乎每个使用优步 App 的人都会同意使用我们大部分人所认为的隐私信息（例如我们任何时间的物理位置）。对于我们而言，这样做为了个性化的体验是可以被接受的，只要优步公司不会失当地利用这些信息去做其他的事情，比如跟踪一名记者。

每天我们都会分享关于我们自己的信息，以便享受针对我们所需的个性化服务。例如，我们作为一个社会整体，正对于 Pandora[①] 自动将你所听的歌曲上传在 Facebook 上的行为越来越感到舒适——我们认为这挺酷的，而并非对我们隐私的一种侵犯。至少 Pandora 还利用这些信息生成了个性化歌曲推荐，使我们更容易听到自己喜欢的歌曲。

当下风靡的健身品牌也在收集我们大量的个性化信息——从某个人何时就寝，到何时起床，到走多少路，再到吃多少食物——并根据其每天的情况提供这个人的健康分析。

在所有这些例子中，最明显的一点就是“公平交易”的概念。也就是说，作为消费者，我们不介意提供我们的个人信息，以便使我们的信息被用于向我们提供更好的服务或产品，只要这是一项公平的交易。

如果一家拥有我们位置信息的应用程序公司推出一项有偿服务，使人们能够通过付费来获知我们当前或以往的位置，那我们将会感到愤怒，我们认为这个交易已有失公允了。实际上，这将是对我们信息的非法使用，我们之所以分享自己的信息，只是因为我们普遍认为这个品牌将我们的信息用于改善产品或服务的“公平交易”。

---

① Pandora 音乐电台是美国有名的提供在线音乐服务的网站。——译者注

对此，品牌应承担很大的责任，而且它们在提供大量更吸引人、更有用的广告产品的同时，也有保护个人信息的义务。

广告行业能够通过自律来确保个人身份信息不在定向广告或定制广告体验的过程中被泄露。在与不同的数据提供者工作时，应该清楚的一点是，所有的从业者都要严格遵守该准则，并使用匿名的方式来实施所有的数据交换或提供行为。

当一个个性化广告平台比如 Jivox 使用了数据服务，它并不会从任何数据源收到任何个人身份信息，尽管这是可获得的。

数据提供者和数据服务能够提供非常精确的信息而不泄露个人身份信息的机制，被称为“Cookie 同步”（对此，我们已在第 16 章中有更细致的描述了）。简单来说，这是关于该机制如何运转的问题。例如，如果服务 A 知道有关某个人的事实 X，并且想要将这个信息提供给服务 B，相应地，从服务 B 那里获得 B 所了解的这个人的事实 Y，这个过程就是运行了一次 Cookie 同步。当服务 A 遇到了个人 M，它呼叫服务 B（通常是通过 URL）说：“我遇见了 M，这是我对 M 的标识符。”相应地，服务 B 或是从以往的交换中获知了 M，或是没有，而如果没有，它便只是回复服务 A 它自己对 M 的标识符——我们称之为 M1。这个交换活动后，这两项服务之间就已经建立了 M 和 M1 作为同一个人的标记，所以使用 M 到 M1 的简单映射，任何服务 A 拥有或收集到的关于 M 的信息，都能够发送给服务 B，反之亦然。

这种交换确保了任何有关 M 的个人身份信息永远不会在服务间传递。然而，偏好数据或是能够使服务更了解用户并提高用户体验的数据，则是可以被交换的。

作为行业自律团体的网络广告促进会（Network Advertising Initiative,

NAI）于 2000 年成立，它的成立是为了确保成员能够尊重消费者的退出选择权，一些消费者不希望被广告通过他们的在线行为数据所锁定。消费者可以访问 NAI 的网站来查看尊重这个选择权的公司名单，并且能有选择地或全部退出这些跟踪和定位。

浏览器厂商（例如微软公司）曾一度尝试实行“不跟踪”功能。然而，这样的尝试相当不成功。

消费者理解大部分免费内容和服务——比如电子邮件、地图和上千免费应用都直接或间接地依赖广告。然而，消费者的确反感那些打扰人或不相关的广告，并且当消费者表达他们对广告的厌恶时，通常会针对那些以他们永远不会购买的产品的不相关信息轰炸他们，并且越发妨碍他们享用网站内容的广告。

这些尝试变得更加烦人，甚至模糊了网站内容和广告之间的界限。所谓的原生广告显示出对消费者惊人数量的漠视和无礼，也显示出冒犯他人的品牌和媒体公司对投入哪怕一点额外的努力，以提高广告的相关度和吸引力的不情愿。

懂得这一点并在个性化广告和营销方面有所投入的品牌，将会得到繁荣发展，并在营销费用上获得相当的投资回报率。那些正在逐渐拥有更强力量以至于无视某个品牌，并在品牌方面给予他们的朋友和其他人以消极影响的消费者，将越发回避不懂得这一点的品牌。

第 22 章

个性化广告的未来

关于个性化广告的未来，有一点可以确定，那就是营销人员在做出与个性化相关的决定时，将拥有越来越多的数据。

就在刚刚过去的几年间，大量的新型可穿戴设备进入公众视野。智能手机和平板电脑使得可用于制定个性化广告决策的数据量激增，而现在的可穿戴设备正在产生更多的、更加私人的数据。举个例子，可穿戴的运动和睡眠监视器记录下你的睡眠模式和运动模式；一些更狂热的人还要测量每日食物中摄入的卡路里，用设备记录饮食习惯。很多电子设备制造商已经开发出能和你的手机相连接的手表，这些手表也可以测量并告知你的睡眠情况和其他个人数据。

物联网将所有可以连接的电子设备（如洗碗机、微波炉、汽车等）相互连接起来，这意味着这些设备正在不断地产生并持续向它们的制造商提供十分有价值的数据。制造商反过来可以利用这些数据来策划个性化的、定向的广告活动，或者是将它们提供给其他品牌进行营销活动。

由于顾客对个人数据的敏感程度似乎明显下降了，营销人员能使用更多详细的数据，将个性化广告的边界外延不断拓宽。

移动应用的开发者和媒体公司逐渐领悟到广告已不再是将它们的应用或媒体资源变现的唯一方式。对于广告而言，数据已经与货币同等重要。一个收入大部分来源于置于其媒体的广告的媒体发布商，现在可以通过将其数据提供给营销平台或者数据整合机构来获得额外的收入，从而引发了一场数据大爆炸，并且在数据迅速成为一种商品的同时显著降低了数据的价格。对于营销人员来说，这是一个巨大的福利，因为他们现在即使不大量增加对媒体的投放，也可以使得它们的广告更加有效。

在拥有了这些数据（当然这里指的是原始数据）之后，我们所面临的最大挑战是，数据本身对个性化广告和市场营销并不是十分有用。所以在整个个性化广告生态系统中，非常具有价值的重要组成部分是拥有能够收集、整理并处理这些数据的技术和平台，使数据可以被营销人员所使用。这也是我们现今在使用数据来进行个性化广告策划过程中所面临的重要挑战之一。

过去，由于数据更多地被认为在历史上具有重要意义而不具有前瞻性，大多数数据从业者更倾向于利用数据对过去进行回顾，而不是用其对未来进行预测。对于市场营销和个性化广告而言，在回顾的过程中以一种更具前瞻性的方式，或以一种更具预测性的方式来使用数据是至关重要的。

数据从业人员需要学习如何利用数据来对市场进行预测，而不是简单地编写报告，告诉营销人员现状如何。相反，数据从业人员需要为市场营销者提供数据支持，使他们能够在预测消费者购买方式和定向传递有效信息以促进购买决策的制定方面变得更加主动。我们将会看到一些强大的推荐和预测技术，这会使所有的数据对营销人员来说更有价值。

现今，数据也存在时间价值。我们的移动设备使我们能够及时做出决策。

在移动设备出现之前，我们最好的做法就是在家浏览网页，然后开车去商场，逐店进行搜购。而今天我们可以利用在杂货店排队或者等待牙医到来的时间来浏览网页和在线上购物。冲动消费和购买行为已经成为常态。我们通过社交媒体从朋友那里了解到最新的资讯，我们从想要去商场购物的朋友那里收到微信，这都会激起我们的购买欲望。

处理数据并将它们实时应用到市场中，以向客户进行营销，这种能力将会成为品牌在所有这些噪音和干扰中生存下来的必要条件。然而，消费者不会忍受密集的无意义邮件、特价优惠宣传、横幅广告等的狂轰滥炸，同时他们也会采取如取消订阅、设置屏蔽，或者其他所有他们能实施的措施，来防止营销人员继续这样的密集攻势。成功的品牌会在顾客正在进行一项购买决策时，及时地应用数据以及数据带来的所有情报来影响顾客。

数据的时效性价值使得品牌可以判断消费者目前所处的购买阶段。这里要再次强调，合理地使用数据来提供合适的内容、情报和信息将会对消费者是选择还是无视这个品牌产生巨大的影响。

一天的时间

在所有类型的数据中，时间是最简单也是私密性最低的数据。营销人员往往缺乏对时间应有的关注，可现在我们从早到晚都需要它。周或月是基础的时间单位。我们在上午七点考虑吃早餐，八点准备通勤，正午时分享用午餐，在下午五点小酌一杯，晚上七点用晚餐；周末到来的时候，我们准备去参加休闲活动；节假日将近，我们开始准备礼物；夜幕降临之后，我们出门看电影；夜深之时，我们上床睡觉……你肯定对此感同身受。

那么，为什么时间这一要素在个性化广告中并没有被太多地运用呢？娱乐业可能是在时间的使用方面（比如向用户推送定制的信息）表现最突出的产业。它们在活动举办前一天、活动当天以及结束后的第二天都会发送信息来引导活动。

酒精饮料品牌应当注意那些快活时光（酒吧降价供应饮料的时间）和体育比赛赛前聚会的时间段；化妆品品牌应当在用户从起床之后到吃早饭之前的这段时间里曝光；运动品牌则应当在周末来临之际推送周末活动的信息。

时间应当是当地的时间，我们不可能说全国所有的“欢乐时光”都设定在同一时间段；我们必须在各个时区的不同时间段灵活地推送消息。

位置：Beacon 技术及其应用

最近，社会上有很多关于 Beacon（即信标）技术的讨论。信标是一种并不昂贵的信号传输器，是可以被放置在杂货店、商场或者机场等各种场合，经由蓝牙递送的一种简单信号，用于发送所在位置和其他基本信息。大部分手机已经配备蓝牙功能，通过手机上的这种应用软件可以拦截该信号并解读出使用者所在的位置，以便向他们提供特殊优惠券或者发送其他通知。

由于现在信标信号的传输和接收已经形成了一个标准，信标技术在近期获得了大量的发展驱动力。这个被称为 iBeacon 的标准的出台，将有可能导致信标使用者的快速增长，因为大量的手机已经可以接受和处理这类信号了。

移动电话携带有可以帮助定位的 GPS 设备，而使用者的位置通常也可以（但并不一定精确地）基于 IP 地址进行判断。在这个过程中，缺少的是这个所在位置代表的信息——这正是信标可以提供的（比如这个位置周围的环境）。环境对于个性化广告而言非常重要，因为现在我们可以明确地知道使用者正漫步在超市的哪条通道上，这使得更加详细的个性化信息可以被应用到广告中。

诸如机场和商场这样的大型机构可以向营销人员提供一个这样的“个性化广告清单”，营销人员便能创造出即刻消费和触发购买的条件。

连锁酒店正在尝试利用信标技术，来看是否能够在用户身处大堂或是前往水疗中心的时候，为用户提供特别的个性化建议。只是一味地制造“立即购买”等类似信息的轰炸，将会导致顾客关闭渠道并无视这个品牌，但是对数据的智能应用（如忠诚度数据、位置数据以及历史购买记录等），可以使品牌更聪明并更渴望地提供一种最好的礼宾也无法提供的个性化服务。

隐私

我们在先前的章节中谈到过隐私问题。作为一个行业，经营和自我管理隐私是非常重要的，因为把数据应用到个性化广告营销过程中，将面临一个巨大的风险，那就是滥用数据会遭到消费者的强烈抵制。品牌和媒体公司需要小心谨慎地保护用户的身份信息，并坚持“个性化”，而不是“定向”的原则。

基于触发条件的媒体激活和优化

有很多关于个性化广告的讨论都围绕着广告本身。然而这里也有很多通过使用数字信号来优化媒体的机会。对媒体的优化主要通过两种方式完成：第一，媒体的购买行为可以被动态的触发条件激活；第二，媒体的购买行为可以被基于来自个性化广告的数据进行优化。

基于数据信号触发的媒体购买行为在程序化的购买环境下是可行的，因为每一次广告曝光都是基于竞价来实现的（即当且仅当购买方满足特定触发条件时，才允许它投标）。通常，程序化平台处理的数据来自销售方而不是购买方。例如，发布者可以在库存的广告位中设置标签以表示该广告位的质量，甚至体现用户响应的数据文件。如果这个广告位刚好能满足购买方所要求的，那么就可达成购买。购买方使用数字信号来触发媒体购买行为，便是将控制权交到了购买者手中。这使得媒体购买行为变得非常强大，因为它是基于事件所产生的。例如，只有在空气中散布的花粉含量较高时，才会执行对过敏药物的媒体购买行为；或只有在暴风雨来临期间，和雨相关的产品才会购买媒体进行宣传。类似地，天气可以作为触发条件用来促进对冷饮或者热饮的购买行为，但只有在极端条件下，冷饮或者热饮品牌才会触发媒体的购买。在这种情况下，动态广告平台储备了若干的触发条件，这些触发点可用于媒体交易的执行。

能否重回媒介为王的时代

个性化广告使品牌不再考虑那种有着明确开始和结束时间的广告活动，而是去考虑和客户以及潜在客户的持续对话。这改变了广告的过程，使广告主从一个广告活动到另一个广告活动、一个接一个排队进行的模式，转向一种更加动态化的过程，在这个过程中始终有广告活动正在进行。通过使用一个动态的个性化广告平台，品牌可以控制并发布这项广告活动的创意及相关信息的更新。

个性化广告还改变了媒体购买方式，因此它使我们更容易以节约成本的方式与大型发布商进行谈判。因为这种可持续的媒体购买方式，可以直接针对品牌的目标消费者来推送消息和创意。

社交媒体平台为我们引路

在向营销行业展示数据作为一项重要资产是如何“使得合适的信息在合适的时间推送给合适的人”方面，像 Facebook 和 Twitter 这样的社交媒体平台做得最为出色。

媒体也改变了广告的整个规划、创意、发布等模式。在此基础上，品牌越来越能够在看到机会时向消费者推送信息；它们可以在几小时或者几天内完成这个动作，从而超越传统的展示广告活动的周期——几周或者几个月。

社交媒体平台缺少的是一个固定的来提供更多引人注目的广告形式的媒体素材。在 Facebook 和 Twitter 继续加大广告幅度的时候，它们在不让用户被大幅广告所淹没并失去公司赖以吸引广告投资的优势方面，表现得十分谨慎。

Facebook 和 Twitter 以及其他许多发布商，现在已经开始在其资产之外提供“受众群体网络”。在这里，它们可以有更多的余地，并且不需要承担因广告的大量轰炸而失去用户的风险。

这些受众群体网络将为品牌提供非常强大的定向功能和个性化选项，这是社交网络所创造出的巨大的用户数据财富。

应用软件、应用软件以及更多的数据

我开始相信数据变现对应用软件开发者而言是一个更大的产品，其重要性甚至超过了广告资源。许多应用程序本身并不适合进行广告宣传，但是它拥有的大量数据对营销人员而言具有很大的价值。最近被雅虎公司收购的 Flurry 公司已经收集了大约 54 000 个移动应用和 14 亿个设备的数据资料。这使得

Flurry 公司拥有丰富的数据来进行个性化广告营销。并且其他公司也在做同样的事情。

DMPs、DSPs 和数据聚合处理器现在都能够为市场营销人员提供大量非常精细的数据，以达到精准定位和个性化的目标。

很多社交网络已经意识到数据流通的价值，应用开发者也开始意识到它们的数据可能甚至比它们的广告资源更有价值。同样地，我十分期待可穿戴设备的开发商和所有其他设备、应用软件、网站等，能开始向营销人员提供它们的数据。

看来，为了赢得越来越多数据所引发的竞争，将需要尽快实现数据的大规模商品化。在这个阶段，你是否拥有客户的数据，将比你实际上在用这些数据做什么更重要。事实上，我们最终可能会面临数据财富的尴尬：我们可能不知道应该如何处理这些财富。尽管品牌一直拥有大量的客户数据，但它可能不是实时数据，甚至像我们现在所拥有的数据那样详细和种类丰富，但是营销人员从来都没有真正使用过过去的所有数据。

最近关于大数据很火爆的一个言论（当然我认为是炒作）是，大数据使营销人员最终意识到使用数据在鼓励个性化用户参与和体验方面的价值。而当我们这么做了之后，我们才更深切地体会到，有价值的不是数据，而是你如何有效地利用数据去进行营销。那些能够帮助我们利用数据，并将其转化为营销人员重量级武器的平台，将会获得极大的回报。

《少数派报告》已成为现实了吗

今天的个性化广告越来越接近电影《少数派报告》中那个“会说话的广告

牌”，因为我们能够利用信标的功能，根据其所在位置来推送信息和识别身份，利用数据来策划个性化广告，并使用越来越多的屏幕。在未来，见到一块能说话的广告牌并不足为奇。在 2015 年举行的国际消费类电子产品展销会（CES）上，正当我一个人四处闲逛的时候，有一个机器人将我拉到一旁并开始与我交谈。机器人的操作者在乌克兰，而我和机器人身处拉斯维加斯。她能够看见我并与我交谈，我们最后还拍了张合影。

如果你曾看过电影《少数派报告》，你是否还记得那项有趣而又阴险难测的技术——“预测人”？它们一半是人类，一半是机器，并且可以预测未来。预测人可以使警察提前知道案件发生的时间，所以他们可以在事件造成损害之前到达事发地点并逮捕即将作案的人。每一个营销人员可能都会爱上这项技术，它能预测消费者产生购买行为的时间，使营销人员能在那个恰当的时间向消费者推送信息。到那个时候，我们所有人都将与能说话的广告牌和机器人打交道了。

第 23 章

来自行业远见者的洞见

我写这本书的缘由，来自与媒体及广告界一些重要人物的一次交谈。他们都抱有共识，认为广告需要改变，需要提高广告的关联性、参与度，需要更加实时呈现。我们都有一个共识，即广告业界在很大程度上一直重复着“抛出东西等棍棒”的模式，即便是当今的数字广告也是如此。然而实际上，我们是可以通过数字广告进行一对一精确投放定制和针对性消息，并与消费者创建对话和联系的。

当然，实现这一切需要先进的技术，但更重要的是营销人员、代理商还有媒体公司在思维方式以及态度上的转变，这才能够制作出提升参与度、建立关联以及激动人心的广告。我们从事的许多行业工作及日常活动都通过使用技术而变得更加便捷，就像是呼叫出租车、听音乐、买书、与朋友保持联系等。这些过程都得到改进并且明显变得更有效率。起初，这些创新都被认为是一种“颠覆”并遭到大众的拒绝，直到业内人士意识到他们在其中仍有利可图，并且能够更高效地提供相关服务（可能还是更好的服务）时，这种情况才有所改变。

我一直乐于去结交这样的人士并且与他们建立合作关系。我们希望能够携手将数字广告界变得更加个性化、引人入胜，更加激动人心。我们想要将消费者放在与品牌平等的、受尊重的位置，甚至让消费者告诉我们应该如何做营销，如何将商品卖给他们。

毫无疑问，下文讲述的就是这些关键的远见卓识者，他们正致力于如何使广告更加引人入胜、更加密切相关，当然，也更具操作性。

美国优势麦肯媒体公司首席运营官格雷格·科尔文（Gregg Colvin）

背景 / 现状

调查显示，美国人平均每周会有 81 小时消耗在媒体上，并且平均每天会接触 1200 条广告。在这样拥挤的媒体环境下，基于个体份额的方法似乎无法取胜。然而，我们需要思考除了观看量和频次之外，我们还能做什么去吸引消费者的注意。简言之，市场营销人员需要一个用广告信息打动消费者的时刻。

新数据

个人应用和可穿戴技术帮助解决了这个问题，也预示着市场营销和数据的新时代。传统的分析源仅能提供不确定的消费者群体的大概轮廓，以及他们显而易见的媒介接触习惯；然而现在的个性化数据能让品牌以一种更深刻且更及时的方式与消费者建立联系。

新平台

基于触发的广告平台的兴起，无疑是最引人注目的创新之一。在优势麦肯公司，我们称之为“时刻营销”，通过利用我们的工具以及由美国在线和 Jivox 开发的工具，营销人员能够实时创建个性化信息。

当技术足够先进时，过程就会变得简单。我们首先会确定媒体和社会文化中的相关时刻，同时通过创建个性化的互动，以达到把握时刻的目的。通过这种方法，我们可以紧跟潮流进行产品促销推广，可以利用事件增加消费者的品牌忠诚度，并且抓住任何时机来确保品牌与消费者的关联性。重要的是，我们每天都会采取行动，并根据情况使用相应的设备对消费者进行定位。

案例

在最先使用时刻营销的案例中，有一例与一种普遍的治疗过敏的非处方药物有关。结论很简单，将洞察力与实时事件相结合，塑造出个性化的、有效的信息。在这种情况下，我们知道人们更倾向于在病症出现时购买药品。利用花粉量作为媒体触发器，我们通过提供及时预测、个性化消息来定向那些对频繁购买该药品的用户的场景。我们会在那些关键时刻来优化那些针对这些消费者的媒体。

此外，我们曾经与 Jivox 公司合作捕捉使用杰克 · 丹尼斯酒来庆祝体育赛事的时刻。从策划的角度来看，我们了解到，杰克 · 丹尼斯酒的消费者更喜欢使用饮料来庆祝队伍的胜利。我们对这些队伍进行辨识，当队伍比分公布或者情况出现转折时，我们便可利用此时消费者的心情来进行营销。

有了不断增长的数据以及能够即时触达消费者的平台，唯一限制营销人员的，只有他们自身的创造力。我们可以利用股票市场指数为投资者提供实时媒体服务，利用天气预报来推动皮肤护理乳液的销售。试想，一家石油公司是会愿意对在家里看着电视的一般观众进行营销，还是将目标锁定在高峰期的司机，并利用媒体向他们播报汽油和天然气降价的消息呢？在关联时刻进行营销，会比面对一般受众进行策划更有价值。

成果

这种基于实时的个性化广告已经取得了相当好的效果。消费者的品牌喜好度增长了 49%，消费者推荐品牌的可能性增加了 44%。最重要的是，消费者购买产品的可能性增加了 37%。新的策划和购买流程都可以利用实时事件触发以及社会文化中的重要时刻。简言之，这种时刻营销方式是有效的。

转型

数据以及科学技术在确定目标以及频次方面具有变革性。我们可以抛开基于群体进行策划的方法，转而瞄准个体，并朝着根据时刻而非频次的方向进行策划。我将之称为“一个颠覆性的变化”。借此，我们可以将目光放在非主流的人群上，延展至蓝海市场。

万豪国际集团（Marriott International）全球营销官卡琳·提珀尼（Karin Timpone）

现如今，营销工具在不断地发展进化。紧跟科技潮流、确保能取得更多更好的结果，时常让人觉得是一件不容易的事。虽然个性化营销听起来似乎与数字化相关，但我发现它其实是为营销创新提供了一个以更全面的、全渠道的方式来看待营销组合的契机。

我认为，关注关键的核心目标有助于更好地指导结果。在为全球营销工作的这些年中，我一直是客户和消费者的拥护者。这个方向为我指明了核心目标，所以我可以跨越不同学科，制订联结营销策略和战术的计划。尽管联结这些分散的节点需要一些思考和计划的时间，但主要工作仍然是构建一个团队来实施、改进这些想法，并不断重复。通过这种方法，我能够在许多不同的领域——如消费品、科技、娱乐、数字媒体、旅游等行业，成功地构建出“前所未有”的营销手段。

下面的一些提示，或许对你下一次进行大胆的个性化广告尝试有所帮助。

了解并定位好你的目标市场

要详细了解那些将会为你带来支付红利的业务，了解你的目标受众。运用定量和定性分析方法，洞察他们是谁以及他们需要什么。

确保你的 4P——产品、促销、价格、渠道协调一致，以满足目标市场的需求。然后给你的同事们一个方便速记的定义，这样他们就能很容易地对此进行重复。你会惊喜地发现，这些小技巧会带来大不同。

个性化营销的优势在于信息是由内而外的，所以这些信息往往会产生共鸣。

将艺术家和科学家联合起来

现如今，广告比以往任何时候都更像艺术和科学的产物，广告作为艺术和科学的产物这一属性，比以往任何时候都更要突出。然而，有时候，组织架构甚至是座位的排列都有可能不利于团队的有机整合。如果你的营销团队的技能分散在分析、工程等创造力较少的方面，那此时最关键的就是要将适合的合作者聚集在一起。如果你是那种既能创作伟大文案，又能处理数据的营销人，那么就搬离这里，去更合适的团队施展才华吧！它可能是内部运营团队，也可能是外部营销合作伙伴、代理公司或新的平台。

个性化营销的优势是，当一个好的创意与准确的人群匹配一同出现时，那么你在“正确的信息、合适的人、合适的时间”做营销的可能性也就会大大提升。

不断实验、学习和尝试

这一点在面对新技术时尤为重要。数据可以帮助我们打造一个好的计划，或者重新为那个不太成功的计划找到方向。一系列的测试可以提供反馈循环，并为你的长期战略提供有价值的信息。最近，我的团队对一个前所未有的、成功的营销方案进行了评估测试，其中，我们在实践操作的领域中发现了类似的方法。而从另一个针对受众的测试中发现了留住客户的好处。这两个例子都说明了学习如何将数据转化为理解的重要性。

个性化营销的优势在于，不断进行实验能够使你的营销更像是一场与客户和消费者进行的持续、紧密相关的对话。

询问伙伴是否有相同的目标

让你的营销合作伙伴知道你的核心目标，并且主动讨论如何才能更好地促进工作。从我做营销的经验来看，我一定会努力将资源与这些志同道合的营销合作伙伴整合起来。同样地，虽然将这些零散的节点结合起来需要付出更多的努力，但这也扩大了你的覆盖面，这一切都是值得的。

个性化营销的优势是，朝着共同的目标进行的良好合作能够取得事半功倍的效果。

全面考虑客户体验

位于销售前端的员工对你的营销活动能起到什么样的作用呢？这些人可能

是前台人员、社交媒体从业者或客户服务代表，他们能起到延伸品牌体验的作用。如果有新的趋势或挑战出现，他们还可以提供有价值的信息。

个性化营销的优势是，支持围绕在你身边的那些如同影子一样的营销“大军”，尤其是离你的客户最近的那些人。他们从另一个角度对个性化广告起到重要的作用。

提供简单明了的报告

没人希望在邮件箱中收到一份庞杂的、难懂的报告。因此，为他人着想，提供一份足够及时且方便复制粘贴到其他演示文稿和提案的报告，从而为他人带来方便。

个性化营销的优势是，这很简单——当成功指标明确时，更容易进行协作。

美国互动广告局品牌推广负责人彼得·米尼莫姆

作为一个头发灰白的广告老手，我发现自己时不时地就会和其他一些资深专家讨论这个行业。某一天，一个领导着美国最大代理机构的老熟人，回忆起他刚入行时和团队一起奋斗的日子——不是《广告狂人》的那个时代，而是在 20 世纪 80 年代末。后来，与我们一起的一位数字广告业的朋友评论说：“同行们现在仍希望还能像过去那样，这是多么可悲的一件事呀！”

我为她的言论感到震惊：“谁不是这么希望的呢？”毕竟，在数字广告爆发之前，我们生活在线性的媒体世界里。在那里，营销人员和出版商占据主导地位，像吹笛人和他的魔笛一样有效地引导着消费者。那时无疑是模拟广告的巅峰时期，从业人员锤炼出了一套完美的营销手段，并从中获得丰厚的回报。

但之后，世界发生了变化。

现如今，数字媒体和数字广告使得营销人员和消费者之间能够进行一定程度的互动和对话，从而使两者在广告体验中成为平等的合作伙伴，并时常共同创造品牌的价值。在这样一个时代，营销人员绝不是处在主导地位，相反，在许多情况下，不仅不是主导，而且还要积极地追随消费者。

因此，广告从业者——像是我上文提到的朋友，必须重新开始，学习新的规则和工具来实现与以往相同的目的。

尽管以往从来没有发生过这样的巨变，但这种转型也不是全新的。在各种新媒体中，广告最开始只是一个尴尬的伴随物，随着时间的推移才逐渐成熟并形成更为自然的形式，更加适宜地植入内容之中。早期电视广告的特点就是一位衣冠楚楚的播音员对着镜头念稿。电视广告花费了很多年才在广泛的故事节目中摸索出一种适合自己的广告形式——30 秒的迷你故事。类似地，早期的杂志广告只是被堆附在杂志的后面，久而久之便和正文那些正常的出版内容融为一体，成为出版物的一部分。

在通栏以及右侧下拉滚动条中，无处不在的数字横幅广告曾占领了互联网的头 18 年，这是电视广告和杂志广告在尚未成熟时期也采用的方式。很多时候，这些广告已经超出了用户主动浏览的范畴，也不注重网页的内容或样式，并且它们不能让用户像页面其他部分上的内容一样进行交互；此外它们作为数字广告最失败的一点就是无法向用户提供定制内容。

所幸数字广告已结束这段不成熟的时期。营销人员创造独特的商业选择和品牌信息的能力，以及代理机构创造匹配媒体素材的能力，最终将赶上广告技术定位、呈现以及动态创意服务的能力。行业终于开始意识到其传递的长远承诺，虽然“在合适的时间将合适的广告推送给合适的人”实现起来并不那么容易，换句话来说，就是个性化数字广告。

这值得我们不再说“希望还能像过去一样就好了”。

传立媒体集团（Mindshare APAC）亚太区首席运营官高塔曼·拉戈萨曼（Goowthaman Ragothaman）

从根本上来讲，营销传播是物联网带来的最深刻的变化之一。长期以来，广告业界一直使用标准的人口统计信息，作为划分、定位和沟通受众的手段。首先，人口统计学与行为的相关性正在逐渐淡化。在预测消费者行为时，年龄、收入和职业类型的变量不再是同源的。这在网络生态中尤为明显。一个人所受的影响、个人喜好、所处环境以及行为最好地反映了他（或她）对品牌的倾向、对他的沟通以及由此产生的需求变化、行为变化。其次，一个重要的转变（在很大程度上仅次于上面提到的影响），是消费者购买路径或消费者从搜索特定产品到实际购买过程的可预测性下降了。

进一步来说，如果我们要真正预测一下上述两种影响——多样化的目标和动态的购买路径，我们将会进入营销传播的全新时代。其中当个人的身份特征能被合理地知悉（优于基本人口统计）时，可以定制传播的类型、被推送的时间及其格式来进行有效的定位，并追踪用户的路径。首先成为用户信赖的助手，然后提供相关的建议，帮助他做出选择；售后进行追踪服务，最终使其成为品牌的忠实消费者。这些由一些主流的线上营销人员开发的推荐引擎正朝着这样的方向发展，但它终将归结到正在部署的算法的真实性上，营销的成功与否也取决于此。

现在所有这一切都意味着，我们需要组建、集成和分析的数据量正以其他事物无可比拟的几何量级增长。在我看来，营销生态系统根本没有做好管理这一数据洪流的准备。在洪水来临之际，诺亚建好的是一座方舟，而不是一座桥梁。营销人员需要为自己的企业建造方舟。为了建造一座可以经受时间考验的方舟，我们需要部署出色的技术。现在就开始动手吧，市场营销和 IT 部门需要比以往更多的碰撞和协作。现在有太多的公司试图解决这种碰撞和协作问题，但目前看来，公司的分部比总部要分散得多，仍然非常缺乏作为一个整体的体系。

因此，一个成功的营销组织首先应该投资于一个面向未来的数据管理架构——面向企业、媒体和公众（匿名）的数据。这样的组织需要保持领先的技术，整合并运营社交、移动、分析和云技术（所有的东西最终都会归于云上）领域。最后，这样的组织需要有能够横跨各种营销领域执行的人才，并且有着自己专注的领域。

这是令人兴奋的时代。保持年轻，保持参与，保持专注。

附　录

动态广告活动工作表示例

个性化广告活动的设定可以说是极其复杂的，有时令人望而却步，因为有太多变量和决策涉及其中，例如，如何使用数据信号，信息如何做到千人千面，如何测量，如何优化，等等。

本书描述了一些有关个性化广告活动的流程和技术。此附录则提供了典型的工作表样例，帮助广告团队制作自己的工作时间表，以简化程序（有一些例子附有具体如何做的展示）。由于在这些广告活动中涉及多个参与方，所以这些工作表既适用于客户部、创意部、媒介规划部，也适用于动态广告系统平台和媒体合作伙伴。

一旦广告活动开始执行，这些工作表也有助于整个过程变得更加简单和便于分析，因为所有涉及广告活动的重要信息唾手可得。

个性化广告要求迅速地执行，所以我们希望这些工作表和工具能够在你的机构里快速生成。

个性化广告策略工作表

个性化广告策略工作表为帮助识别驱动顾客参与的数据信号和规则类型提供了更宽的视野。通常情况下，这是创意团队、媒介团队、动态广告平台供应商（比如 Jivox）通过头脑风暴和品牌间的创意周期的结果。

此工作表允许每个人了解个性化广告活动的整体战略和范围，以及活动过程中需要什么类型的数据、资金和开发工作。

此工作表还将成为流程其他部分的关键节点，并使各方能够同步了解广告活动的策略，具体如附表 1 所示。

附表 1　　JW 个性化广告策略工作表样例

触发事件	触发值	所需的核心规则	操作规则	创意小组数量
节日	1. 劳动节[①] 2. 哥伦布日 3. 万圣节	日间	上午 / 下午	六个小组（假设上午和下午都运用）
Twitter 趋势	动态注入、被创意规模限制文本长度、覆盖全国	24 小时更新	无规则	动态
天气	本地天气状况	天热 / 变暖 / 刮风 / 起雾 / 转凉 / 阳光明媚等天气规则		六个
娱乐	娱乐事件	DMA × 日期规则		在 DMA × 日期的组合里选择，外加一个机动的通用组

① 美国劳动节为 9 月的第一个星期一。——译者注

续前表

触发事件	触发值	所需的核心规则	操作规则	创意小组数量
体育	体育赛事	DMA× 日期规则	主队的胜 / 负	在 DMA× 日期的组合里选择，外加一个机动的通用组。设置两个创意小组，一个负责胜利的创意，一个负责失败的创意

触发事件工作表

触发事件工作表需要根据数据信号的不同以及这些信号所具备的价值（或者你的团队在广告活动中希望利用的价值）来制定。我们需要牢记，单一的数据信号（比如天气情况）可能在理论上会有上百种触发的可能，例如气温、雨量、湿度、风速、花粉量等，这么多的变量都会对此产生影响。

当然，我们的第一步是要界定清楚事件对品牌的影响和触发价值，然后在该目标体系之下，研发具体的详细规则。例如，对于饮料品牌（星巴克）而言，气温可能是一个良好的触发值，因为人们在冷热饮料之间的转换主要依据的就是气温。而对于一个过敏类的产品品牌而言，可能更需要关注花粉量。

一旦触发值被设定，这个工作表将启发创意团队和文案人员一同工作，去设计合适的文本信息。整个过程非常注重细节，但又减免了对每一个单一广告变量再一一审批的流程，因为该套广告许可可用于机器的动态填充，而不必再次通过创意审批。

接下来，我们将为你提供一些如何通过天气、体育赛事和娱乐事件等变量做动态广告的具体案例。在这些例子中，你可以想象自己置身于纽约冬季寒冷的街头，看到品牌正在对你诉说属于你的广告语，这将是多么鲜活呀！这就是个性化广告的力量。我们在此设计了一些用于对白的剧本，希望可以满足我们（品牌）当前与顾客对话的大部分需求以及潜在需求。

我们都有可能要拜见一些重要的人物，他可能是未来的老板，或者是心仪的恋人。为了这次见面，我们往往要提前准备很久，想好要说什么，想好对方对什么感兴趣，想好要向对方展示什么，而且最重要的是，怎样才能让自己显得既聪明又有趣，以讨对方的欢心。

无论何时当一个人被问及他心目中理想的另一半是什么样的时候，说话既智慧又幽默，几乎成了所有理想对象的共同点。当然，颜值高、成熟、懂得照顾人等也同样很重要。这个过程非常类似于品牌需要仔细甄别自己究竟想被顾客从广告中感受到什么信息。

附表 2 是围绕天气状况的工作表，在这个案例中，如何挑选合适的天气触发点至关重要。请注意可能的话，最好选择一个宽泛的范围，而不是绝对值（比如，你不要把一个绝对的温度值作为天气事件的触发点，这样很容易导致失败）。同时还要记住在相反的情况下你想要说的话，答案可能很简单，在需要提供缺省 / 一般创意信息服务的情况下，什么也不说。

附表 2　　天气数据信号触发的工作表

实时天气状况	标签文本	配图 / 动画
非常热（超过 32℃）	热吗？干一杯加冰 JW 欢乐畅饮	嗞嗞声、极热的、动画
非常冷（低于 –1℃）	冷吗？干一杯 JW 暖暖身	冰冻的脸、动画
下雨（温度异常）	下雨了？干一杯 JW 暖暖身	雨、动画
下雪（温度异常）	干一杯 JW 暖暖身，让雪天好过些	雪、动画

续前表

实时天气状况	标签文本	配图 / 动画
好天气（晴天、气温适中）	外面天气好吗？来一杯 JW，让你的内心也感受美好吧	阳光 / 蓝天、动画
天气信息缺失	JW，您的完美伴侣	

对于假期而言，创造优质信息的机会会大大增加。附表 3 展示了一些实例。如果针对每一个节假日（比如感恩节、圣诞节等）都配有一些视觉的绘图，那将会事半功倍。

附表 3 节假日数据信号触发的工作表

节假日	开始日期	结束日期	标签文本
劳动节前	2014 年 8 月 27 日	2014 年 8 月 31 日	这是为酿造 JW 的劳动者准备的美酒
劳动节中	2014 年 9 月 1 日	2014 年 9 月 1 日	这是为酿造 JW 的劳动者准备的美酒
劳动节后	2014 年 9 月 2 日	2014 年 9 月 4 日	夏天结束了，假期即将来临，让我们一起品味 JW 的美好滋味
奶酪比萨饼日	2014 年 9 月 5 日	2014 年 9 月 5 日	看到别人分享比萨饼了吗？开一瓶 JW 吧，让大家都聚集到你身边
巧克力奶昔日	2014 年 9 月 12 日	2014 年 9 月 12 日	比巧克力奶昔更美味的是什么？是 JW
全国奶油甜甜圈日	2014 年 9 月 14 日	2014 年 9 月 14 日	比奶油甜甜圈更美味的是什么？是 JW
国际海盗模仿日	2014 年 9 月 19 日	2014 年 9 月 19 日	嘿！喝 JW 吧，否则你会被要求走跳板

续前表

节假日	开始日期	结束日期	标签文本
迷你高尔夫日	2014年9月21日	2014年9月21日	还在死磕一个迷你高尔夫球洞？来一杯JW吧，告诉大家关于它的一切
大象节	2014年9月22日	2014年9月22日	大象永远不会忘记，你也不会忘记如果你尝过JW
全国樱桃节	2014年9月24日	2014年9月24日	比樱桃甜品更美味的是什么？是JW
全国连环漫画日	2014年9月25日	2014年9月25日	想成为真正的超人吗？喝一杯JW吧
世界微笑日	2014年10月3日	2014年10月3日	与JW一起微笑，庆祝本月的第一个星期五吧
全国刨冰日	2014年10月4日	2014年10月4日	比你最爱的那款刨冰更美味的是什么？是JW
做好事日	2014年10月5日	2014年10月5日	为自己做一件美好的事吧，喝一杯JW
哥伦布日之前	2014年10月10日	2014年10月12日	有些东西可能没被带过来，但若发现JW，哥伦布一定会很高兴
全国天使蛋糕节	2014年10月10日	2014年10月10日	比天使蛋糕更美味的是什么？是JW
哥伦布日	2014年10月13日	2014年10月13日	有些东西可能没被带过来，但若发现JW，哥伦布一定会很高兴
哥伦布日之后	2014年10月14日	2014年10月15日	如果哥伦布在美洲发现了JW，他一定会留下来
全国甜点日	2014年10月14日	2014年10月14日	比你最爱的甜点更美味的是什么？是JW

续前表

节假日	开始日期	结束日期	标签文本
万圣节前	2014 年 10 月 17 日	2014 年 10 月 30 日	比鬼魂和女巫更可怕的是什么？你发现在后备厢里没有 JW 了
全国玉米糖节	2014 年 10 月 30 日	2014 年 10 月 30 日	比玉米糖更美味的是什么？是 JW
万圣节	2014 年 10 月 31 日	2014 年 10 月 31 日	比鬼魂和女巫更可怕的是什么？你发现后备箱里没有 JW 了
万圣节后	2014 年 11 月 1 日	2014 年 11 月 5 日	比鬼魂和女巫更可怕的是什么？你发现后备厢里没有 JW 了
感恩节前	2014 年 11 月 20 日	2014 年 11 月 26 日	觉得今年没什么好感恩的？那就试试 JW，你会感恩我们的
感恩节	2014 年 11 月 27 日	2014 年 11 月 27 日	记得感恩，并将 JW 与亲朋好友一起分享
感恩节后	2014 年 11 月 28 日	2014 年 12 月 3 日	感恩节过去了，但总有那么一个理由会让你感谢 JW

体育赛事非常容易借势，而且广告信息可以非常具体、非常相关。全国性的体育赛事几乎人人都与之相关。本地赛事也为品牌提供了个性化信息发布的机会。这种类型的个性化品牌更加智能，并能让顾客产生更多的好奇。他们想知道“它们（品牌）怎么知道今天有一场地方曲棍球锦标赛的”？附表 4 提供了体育赛事个性化的案例。

附表 4

体育赛事数据信号触发的工作表

主要赛事	时间	地区 / 国家	队名	标签文本
预期在 11 月中旬结束的赛事				
美国职业棒球联盟赛（MLB）各支球队	先期导入事件	巴尔的摩	金莺队	巴尔的摩，发动第一击，来瓶 JW 吧
	赛后			
	先期导入事件	波士顿	红袜队	或输或赢，用 JW 庆祝一下，赛后总是一个本垒打
美国国家橄榄球联盟各支球队	先期导入事件	水牛城	比尔队	水牛城，接管后挡板，准备开球的同时开一瓶 JW
	赛后			或输或赢，别错失良机，和 JW 一起保持活力
	先期导入事件	迈阿密	海豚队	迈阿密，看看所有的嗡嗡嗡都来自 JW
	赛后			或输或赢，行动起来别抓地，用 JW 开始为自己庆祝吧
				当你奔向赛后庆功会时，别忘了带上 JW
				抛开沮丧，吸取教训，JW 和你在一起
	先期导入事件	新英格兰	爱国者队	波士顿，看看所有的嗡嗡嗡都来自 JW
	赛后			或输或赢，行动起来别抓地，用 JW 开始为自己庆祝吧
	先期导入事件	纽约	喷气机队	纽约，看看所有的嗡嗡嗡都来自 JW
	赛后			或输或赢，行动起来别抓地，用 JW 开始为自己庆祝吧
	先期导入事件	巴尔的摩	乌鸦队	巴尔的摩，看看所有的嗡嗡嗡都来自 JW
大学生橄榄球赛各支球队	先期导入事件	辛辛那提	美洲运动队	准备球场，奔向尾门 JW
	赛中			或输或赢，与 JW 一起触地得分
	赛后			或输或赢，行动起来别抓地，用 JW 开始为自己庆祝吧

续前表

主要赛事	时间	地区 / 国家	队名	标签文本
美国网球公开赛	先期导入事件	全国		想要获得得分优势，需要来杯加冰的 JW
	赛中			当球打出去的时候，就想想 JW 吧
	赛后			别错过了赛后派对，大家一起喝 JW
莱德杯高尔夫赛	先期导入事件	全国		你可能错过小鸟球，那就喝杯 JW 热热身吧
	赛中			当球打出去的时候，就想想 JW 吧
	赛后			别错过了赛后派对，大家一起喝 JW
NASCAR Hollywood Casino 400 赛车比赛	先期导入事件	全国		准备好比赛了吗？ JW 与你同行
	赛中			当轮胎旋转的时候，想想 JW
	赛后			奔向赛后派对吧，JW 在等你
NASCAR BofA 400 赛车比赛	先期导入事件	全国		准备好比赛了吗？ JW 与你同行
	赛中			当轮胎旋转的时候，想想 JW 吧
	赛后			奔向赛后派对吧，JW 在等你
世界铁人锦标赛	先期导入事件	全国		跑起来，别走向你的 JW
	赛中			跑了这一路，你需要休息一下，来杯 JW 吧
	赛后			跑起来，别走向你的 JW，你就是赢家
芝加哥马拉松赛	先期导入事件	全国		跑起来，别走向你的 JW
	赛中			跑了这一路，你需要休息一下，来杯 JW
	赛后			跑起来，别走向你的 JW，你就是赢家

续前表

主要赛事	时间	地区 / 国家	队名	标签文本
NASCAR 冠军赛 World RV Sales 500 赛车比赛	先期导入事件	全国		准备好比赛了吗？ JW 与你同行
	赛中			当轮胎旋转的时候，想想 JW
	赛后			奔向赛后派对吧，JW 在等你
美国职业棒球大赛世界系列赛	先期导入事件	全国		来瓶 JW 为比赛热身
	赛中			棒球和什么最配？加冰的 JW
	赛后			或输或赢，行动起来别抓地，用 JW 开始为自己庆祝吧
NASCAR Goody's Headache Relief Shot 500 赛车比赛	先期导入事件	全国		准备好比赛了吗？ JW 与你同行
	赛中			当轮胎旋转的时候，想想 JW
	赛后			奔向赛后派对吧，JW 在等你
男子职业网球世界巡回赛决赛	先期导入事件	全国		想要获得得分优势，需要加冰的 JW
	赛中			当球打出去的时候，就想想 JW 吧
	赛后			别错过了赛后派对，大家一起喝 JW
纽约马拉松赛	先期导入事件	全国		跑起来，别走向你的 JW
	赛中			跑了这一路，你需要休息一下来杯 JW
	赛后			跑起来，别走向你的 JW，你就是赢家

娱乐事件也是个性化信息发布的好机会。同样，娱乐事件可以是全国性的，也可以是地方性的。将品牌信息和本地的艺术家或者地点一起发布，能使广告显得非常个性化，如附表 5 所示。

附表 5　　娱乐事件数据信号触发的工作表

主要娱乐事件	事件类型	音乐流派	城市 / 全国	城市
雨伞音乐盛典	音乐会	综合，包括嘻哈、另类摇滚	城市	西雅图，华盛顿州
LouFest 音乐节	音乐节	综合，包括嘻哈、另类摇滚	城市	圣路易斯，密苏里州
波士顿 Calling Fall 音乐会	音乐会	综合，包括嘻哈、另类摇滚	城市	波士顿，马萨诸塞州
芝加哥 Riot Fest 音乐会	音乐会	综合，包括嘻哈、另类摇滚	城市	芝加哥，伊利诺伊州
永远的梦幻世界音乐会	音乐会	综合，包括嘻哈、另类摇滚、舞蹈	城市	圣路易奥比斯堡，加利福尼亚州
Sunset Strip 音乐节	音乐节	综合，包括嘻哈、另类摇滚、R&B	城市	洛杉矶，加利福尼亚州
丹佛 Riot Fest 音乐会	音乐会	综合，包括嘻哈、电音、摇滚，以及独立摇滚	城市	丹佛，科罗拉多州
奥斯汀 City Limits 音乐会	音乐会	综合，包括嘻哈、电音、摇滚，以及独立摇滚	城市	奥斯汀，得克萨斯州
A3C 嘻哈音乐节	音乐节	嘻哈	城市	亚特兰大，乔治亚州
金银岛音乐会	音乐会	综合，包括嘻哈、电音、摇滚，以及独立摇滚	城市	圣弗朗西斯科，加利福尼亚州
巫毒音乐艺术节	音乐会	综合，包括嘻哈、电音、摇滚，以及独立摇滚	城市	新奥尔良，路易斯安那州

续前表

主要娱乐事件	事件类型	音乐流派	城市 / 全国	城市
Fun Fun Fun 音乐节	音乐节	综合，包括嘻哈、电音、摇滚以及独立摇滚	城市	奥斯汀，得克萨斯州

与以上数据信号和触动信息不同，不能预先规划的单一数据信号是社交媒体趋势。我们不知道社交媒体的内容走向，所以下面的附表 6 是空白的。这个工作表可以根据 Facebook 和 Twitter 的每周热门话题排行来填写一次。Facebook 和 Twitter 可以反映一个国家或者地区的趋势，坚持记录可能会得到一个非常细致且适用于具体地区的工作表。你可以遵循的流程是为品牌团队提供最热门的趋势，并让该团队开发创意信息，然后将其上传到个性化广告系统中，并每周进行动态更新，以便品牌能始终反映出当前在 Twitter 上的趋势和主题。

附表 6　推特趋势数据驱动工作表

趋势	日期	指定市场区域 / 国家	标签文本	图片 / 动画

名词术语

1×1 像素（1×1 pixel**）**：通常用于在无须使用复杂 API 的情况下跨系统记录广告公制的度量标准。当在一个系统中发生可报告事件时，一个 1×1 像素（返回单个透明像素的一段 URL）会相应地引发一段向接收系统报告该事件的 URL。

A/B 测试（A/B testing**）**：这是一种简单的优化技术，用于个性化广告中比较和优化两个同时运行的创意变量，以确定哪一个运行更优。

ad ID【ad（advertising）ID**】**：这是苹果和谷歌公司已经为其移动运营系统提供的机制，使广告能够无须使用来自设备的个人识别信息而对用户进行跟踪。

ad 生产（ad production**）**：将一个创意概念和素材发展为一则能够传达给用户的数字广告的过程。该过程通常在一个与广告提供平台相连的广告工作室中运行。

ad 标签（ad tag）：一段被放置在媒体发布商网站上的代码（通常是 HTML 和 JavaScript 的结合），用于广告服务器中的一则广告，使之在用户访问页面时得以展示出来。

API（应用编程界面）：一种使软件程序在互不知晓内部细节的情况下能够交流的界面。只要两家公司或团队开发并通过用于在两者之间交换信息的API进行交流，它们就能够完全独立地工作而又让其软件一起工作。

人工智能（artificial intelligence）：这是一门计算机科学致力于使计算机能够像人一样学习、说话及行动的学科。通过人工智能技术，语音识别、指纹匹配、面部识别以及其他应用已成为可能。

归因（attribution）：一次特定的营销活动所引起的“促销”或“转化”的过程。一个品牌可能使用电子邮件、电视、印刷、数字广告、社交媒体等多种渠道来推荐一款产品，但对于每一渠道对于引发促销的贡献程度，一些渠道（例如电视）只能被间接测量，而基于点击的转化却能够被直接测量。

必肯技术（beacon）：即信标技术。一个能够传输某些有关自身及其位置的小型传输器，通常使用蓝牙传输器。一台接收设备能够随后计算出用户的精确位置并用于多种应用。这项技术往往基于苹果iBeacon标准，向移动应用和设备传送位置感知信息。

大数据（Big Data）：大量数据的收集、存储和处理，以供多种应用。大数据的称呼之所以区别于一般数据处理，是因为它要求一套与传统完全不同的数据处理技术，传统的数据库、问询和报告软件往往不足以处理规模如此庞大的数据，尤其是当结果几乎是实时需要的时候。

蓝牙（Bluetooth）：为短距离信息传输而研发和使用的一种无线传输标准，使用一种功率非常低的传输器。蓝牙已被移动设备广泛使用，以此来与它们近处的其他设备进行交流。

CDN（内容分发网络）：是一种通常由云系统（例如亚马逊、谷歌、Akamai、IBM等）提供的网络。不论用户将文件存储在多远的距离之外，它都可以用于确保文件和素材被迅速传输。

点击（click-through）：一位用户以这种方式点击一则广告，则会将用户带到品牌网站上。这是一种重要但并不难掌握的广告效果的测量方式。

CMS（**内容管理系统**）：一套特定的数据库系统，用于存储内容并使之更易于按需检索。个性化广告平台通常使用一套内容管理系统，使其在广告内高效提取出内容变得更加便捷。

转化跟踪（conversion tracking）：对一次促销“何时”与“如何”发生的追踪。这通常用于在线销售，如果用户点击了广告，然后购买了产品，则被视为转化。

Cookie：是一种网页上或数字广告能够产生的将被用户的网页浏览器存储的非常小的文件代码。这种文件将被保留一段时间并能包含一些有关用户的信息。一条 Cookie 无法访问用户系统上的任何内容，它不是一段活跃的代码，因此它本身不能真正做任何事。然而，基于用户的浏览习惯，它可以被广告人员用于重新瞄准用户或者重新为用户发送信息。

Cookie **交换**（cookie sync）：这是两种来源的数据进行分享的过程，但却并不会分享任何用户的个人身份识别信息。大部分数据管理平台使用这种方法来提供或交换数据。

无 Cookie **环境**（cookieless environment）：一种不可能使用 Cookies 作为用户身份识别的环境，移动设备就是一个例子。使用其他设备数据的新技术正在全面替代移动环境中的 Cookies。

CRM（**客户关系管理系统**）：一种允许品牌存储和跟踪与顾客互动的信息的软件包。CRM 系统经常提供消费者偏好方面的有价值的洞见，可用于营销活动。

数据触发（data trigger）：一种能够被探测到并用于将广告或用户体验个性化的状态。

DCO（**动态创意优化**）：这是个性化数字广告的最初形态，品牌产生一套信息和创意概念，继而使用数据来理解哪一个表现更好，它们能够因此被使用得更多。

缺省（default）：一项创意变量，在没有规则是真的情况下被提供，以确保某种广告的创意是被表达的。规则应当总体上被设计用来最小化缺省的次数，但如果没有其他的创意是合适或可获得的，那缺省应当总是可提供的。

DI（**直接指数**）：一项用来查找一个文件或数据库中的动态素材的指数，以此为动态信息或创意素材服务。

DMP（**数据管理平台**）：一种能够高效地编目、存储以及使大量信息变得易于获得的软件。而这些信息能被处理和分类，用于定向或个性化营销。

DSP（**需求方平台**）：媒介购买者使用的一种技术平台，通过提供能够让购买者详细获知他们想要购买的媒介的价格和其他特点的拍卖模型，该平台使媒介购买能够自动实现，而且将自动为这样的目录出价并对平台中设置的参数执行活动。

Flash：是一种编程语言，作为演示动画和富媒体体验的方式，在早期的互联网中被使用。该技术由 Adobe Systems 公司提供。由于 Flash 语言无法在移动设备上运行，因此它在数字广告方面不再受欢迎。

Hadoop：是一种数据库技术，用于分布式存储大量数据，从而能进行个性化分析，以及对要求存储和处理大量数据的其他活动进行分析。

Hive：是一种数据库技术，通常与非常大的数据库一起使用，用以大量数据的数据库管理和查询。Hive 充分利用了 SQL 的优点，这使得它在编写在数据库上执行的复杂数据查询请求方面变得容易。

HTML（**超文本标记语言**）：基于标签的声明性语言（即不完全的编程语言）。HTML 用简单的方式描述网页的内容，是用于开发网站的第一语言，也是大多数网站搭建的基础。HTML5 是支持现代网络浏览器的新版本，加入了更复杂的多媒体程序，比如它专门为移动设备设计的视频和动画功能。

物联网（Internet of Things）：用于描述互联网正在被延展到多种设备的事

实，使这些设备能够通过互联网实现在线访问，并能让所有的设备之间形成互联。

JavaScript：这是一种脚本语言，被广泛运用于网站编程。它通常与HTML和HTML5一起用于网站建构，并越来越多地用于广告跨屏传输。

JSON（JavaScript对象符号）：描述性语言和通信协议，允许不同的软件以结构化的方式通过互联网进行通信。

类似模型（look-alike modeling）：通过使用较少的资格审查标准或者通过关联信息而不是直接进行用户识别来扩展受众群体的建模技术。

机器学习（machine learning）：是一种用于描述如何使用计算机算法和计算能力去处理数据，并得出人类大脑无法得出的结论的术语。机器学习使用原始数据输入来“学习”和推断。

媒体激活（media activation）：部署或启动广告活动的过程。媒体激活传统上是手动完成的，现在越来越多地以程序化的方式来完成。

媒介策划（media planning）：为品牌确定应该使用哪种媒体来执行广告活动，以及购买哪家媒体并需要支付多少费用的过程。

元数据（metadata）：是指关于数据的数据。元数据本质上是一种用来描述某些数据，从而使计算机可以理解它的结构化方式。它也可以用于在不同的系统和软件之间共享数据。

多变量测试（multivariate testing）：类似于A/B测试的测试，但需要更多的变量，因此管理起来也更复杂。

开放RTB（opening RTB）：是一种API（应用程序编程接口），允许媒体以程序化的方式销售和购买。该API允许媒体（广告展示位）以电子的方式完成竞价和广告发布。

个性化数据存储（personalization data store）：品牌可以构建数据库，用于存储对用户有效的个性化广告至关重要的所有内部数据和外部数据，

PII（个人身份信息）：标识特定个人的姓名和社会安全号码等信息。用于对动态和个性化广告进行清理，以删除任何个人身份信息。

预测模型（predictive modeling）：用于通过分析操作行为来预测消费者何时可能会采取某些操作（比如购买）。要建立预测模型通常需要分析大的数据集。

富媒体（rich media）：是一种展示横幅广告的类型，通过使用动画、视频和其他多媒体元素来吸引用户的参与，从而提供比传统横幅广告更丰富的体验。

RSS（简易信息聚合）：是一种网站标准，允许信息以标准的格式进行发布，以便能被各种应用程序读取和使用。它通常作为图片、文本和可点击描述的 feed 出现。

规则引擎（rules engine）：一种当某一特定的信息或者创意变体需要传递给用户时允许定义规则的技术。规则引擎还可在运行时执行可扩展和快捷的模式。

SQL（结构化查询语言）：是一种 20 世纪 90 年代开发的语言。它让使用者在不知道编程规则的情况下轻松查询数据库。它用行和列的概念从数据库中检索数据。

SSP（供应方平台）：使发布商能够汇集其所有的广告资源，并使其可供其他平台购买的软件。SSP 通常管理定价并确保对库存广告位置的销售进行优化。

定向（targeting）：数字化广告中使用用户的数据（通常来自 Cookies）来识别合适的用户进行广告投放的做法。这与个性化广告相反，个性化广告寻求千人千面，为广告要服务的每一位用户提供最恰当的信息。

页面到达（view-through，即广告显示转换到目标网站）：用户看到某一个品牌的数字广告，但没有点击进入购买，而是通过搜索进入品牌网站页面的过程。

可穿戴技术（wearable technology）：以设备的方式佩戴在我们身上，以测量诸如睡眠模式、运动模式等个人事务。可穿戴技术能收集非常个人的数据，可用于个性化的应用程序和广告。

XML（**可扩展标记语言**）：用于在网络应用程序和网站中表示数据的符号。

译者后记

毫无疑问，数字技术已经渗透到我们生活的方方面面。对广告、营销行业而言，很多影响是底层的。消费环境、营销传播、媒介图景几乎每天都在发生变化，品牌和广告主所面临的挑战和机会也是前所未有的。学界的研究、业界的探索、品牌的希望，以及消费者碎片化的需求，伴随着社交媒体的闲言碎语汇聚成一股宏大的信息流，滚滚向前。在这股潮流中，品牌和营销人员有积极的，也有悲观的；有高歌猛进，也有作壁上观；有温和改良，也有推倒重来。但无论如何，都多多少少带着一些茫然、焦虑和不安。

数字化和碎片化是描摹近年来广告、营销行业产业升级和市场变迁的关键词。对于广告而言，基于大数据的数字化和个性化似乎已成为行业发展不可阻挡的趋势。但事实上，这简简单单的一句话谈何容易，所谓知易行难，而目前行业面临的挑战可能是“知”都很困难。技术一日千里，数据呈几何级增长，二者叠加在一起，让从业者更加焦头烂额。技术和数据不仅改变了传统的知识结构和运作逻辑，其重构产业的速度也在快速提升。飞速变化背景下的变与不变？广告人的核心竞争力、核心能力应该是什么？

我想在读完这本书后，至少会让有上述困惑的同仁们踏实一些。本书作者是个性化数字广告领域的资深专家。因其丰富的行业实践经验，本书清晰地描摹了大数据驱动下个性化数字广告的行业图景。

这本书适合所有对这个领域感兴趣的人阅读，你甚至不需要有任何广告、营销的专业基础，因为作者是从最简单的广告活动和广告原理讲起的。对于广告、营销行业中想进入或了解数字广告的从业者来说，也完全不必担心看不懂复杂的编程语言或者统计公式，即使是在对大数据和统计学基本没有知识储备的情况下，也能较好地了解行业发展概貌。而对于行业资深人士而言，本书中提到的诸多前瞻性预测、关键性判断以及行业协同、重构的逻辑，也会让你觉得大受启发。

在我看来，本书中有几条线索非常重要。

首先，创新的主体在人而非计算程序。传统的广告、营销理念、方法在数字化的背景下应当如何发展和重构，传统意义上的广告人在数字时代如何培育自身能力，学习并适应新技术是一方面，但同样重要的是，不要对行业积累的核心能力轻易妄自菲薄。读完这本书后，你会发现，数字化技术和大数据实际上更重要的是，为广告人的创造力、洞察力提供了更多的参考和触发条件。

其次，正如本书所描述的，商业环境中如何实现数据库的互联互通，是一个极具战略性的问题，但同时对目前我国的广告行业来说也是极具挑战性的工作。毫无疑问，大家对数据的重要性已有共识，在提升数据分析和数据挖掘能力方面也开始有所动作，但当每一个数据拥有者都想要在下一轮竞争中成为数据帝国的时候，却往往变成了一个个数据孤岛。从行业的整体发展来说，解决这一问题无疑需要更积极、更具智慧的努力。

最后，也是非常重要的贯穿全书的一条线索，即在运用数据的过程中对个人隐私的保护。在这方面，对于正在高速发展的中国广告市场而言，不管是在意识、操作层面，还是在行业自律、法律法规方面，都值得我们高度重视。

本书的翻译是团队协作的成果。中国传媒大学广告学院的几位师生参与了全书的翻译工作：第 1~9 章，杨懿；第 10~12 章，项星宇；第 13、14 章，王昳昀；第 15 章，刘巍子；第 16~18 章，马睿烽；第 19 章，刘巍子；第 20 章，裴桐、刘瀛；第 21 章，刘巍子；第 22 章，王静倩；第 23 章，吴若兰；推荐序、附录、名词术语，龙思薇、刘巍子。杨懿、龙思薇对全书进了审校。

在此，我们要诚挚感谢中国人民大学出版社的编辑老师，他们的敦促和帮助促成了翻译工作的最终完成。

在完成本书翻译的时候，我们正在日本电通公司进行为期三个月的考察和研修。在广告、营销的第一线感受到的，既是数字化和全球化的洪流，又是更加深沉的洞察和创意，二者缺一不可。

在数字广告领域，我们常说，好的广告是要在“正确的时间、正确的地点把正确的信息传递给正确的人”，而对于广告人、营销人而言，在数字化、个性化的当下，是时候思考一下如何正确看待自己、提升什么样的技能了。

北京阅想时代文化发展有限责任公司为中国人民大学出版社有限公司下属的商业新知事业部，致力于经管类优秀出版物（外版书为主）的策划及出版，主要涉及经济管理、金融、投资理财、心理学、成功励志、生活等出版领域，下设“阅想•商业”“阅想•财富”“阅想•新知”“阅想•心理”“阅想•生活”以及“阅想•人文”等多条产品线，致力于为国内商业人士提供涵盖先进、前沿的管理理念和思想的专业类图书和趋势类图书，同时也为满足商业人士的内心诉求，打造一系列提倡心理和生活健康的心理学图书和生活管理类图书。

《匠心设计 1：跟日本设计大师学设计思维》

- 日经 BP 社日经设计编辑部以设计思维为题，将经典创新案例汇集成册。
- 深入解析日本一线知名设计大师匠心设计背后的思考方法，用设计思维助力企业完成从品质经营时代到设计经营时代的成功转型。

《匠心设计 2：跟日本企业学设计经营》

- 日经 BP 社日经设计编辑部以设计思维为题，将经典创新案例汇集成册。
- 深入分析日本产品备受消费者青睐的原因，揭秘日本知名企业的设计经营之道，助力企业突破传统经营思维的局限性，拓展市场新出路。

《MIT 高效创新实验法》

- 百度集团前总裁兼首席运营官、Y Combinator 中国创始人及首席执行官陆奇倾情推荐。
- 经世界各国企业检验行之有效的美国麻省理工学院 5×5 创新实验法，助你以最小的成本代价快速打开创新实验的大门，获得创新投资的最佳途径。

《商业模式设计新生代：如何设计一门好生意》

- 原班团队倾力打造《商业模式新生代》最新升级版。
- 全球 50 位精英创业家、战略设计师们和思想领袖手把手教你设计出一门持续赚钱的好生意。

《创新变现：以价格为核心的产品设计策略》

- 西蒙顾和管理咨询公司两位领导者根据公司在全球超过 10 000 个项目的经验，结合案例分析，提出了设计变现的九条黄金法则。
- 手把手教你如何设计产品才能真正变现，告诉你产品应如何定价客户才愿意买单。

《新营销实操：从新手到高手》

- 英国特许营销协会（CIM）指定市场营销培训教程。
- 从新手入门到高手精进，专业知识技能与实战相结合，线上、线下全流程指导。
- 涵盖市场营销所有的工作，专注解决营销人员工作中的所遇到的难点、痛点问题。

《如何营销才有效：高效能数字营销 10 大盈利法则》

- POSSIBLE 公司全球 CEO 倾情之作，WPP 集团前 CEO 苏铭天作序推荐。
- 来自全球领先互动营销公司 POSSIBLE 公司的营销精髓方法，助力企业决胜小屏幕、大创意的数字营销时代。